JN419395

고통을 다스리는 민주주의

고통을 다스리는 민주주의

1판 1쇄 인쇄 2025. 11. 25.
1판 1쇄 발행 2025. 12. 2.

지은이 김찬호

발행인 박강휘
편집 박민수 디자인 윤석진 마케팅 이유리 홍보 이한솔, 이아연
발행처 김영사
등록 1979년 5월 17일 (제406-2003-036호)
주소 경기도 파주시 문발로 197(문발동) 우편번호 10881
전화 마케팅부 031)955-3100, 편집부 031)955-3200 | 팩스 031)955-3111

저작권자 ⓒ 김찬호, 2025
이 책은 저작권법에 의해 보호를 받는 저작물이므로
저자와 출판사의 허락 없이 내용의 일부를 인용하거나 발췌하는 것을 금합니다.

값은 뒤표지에 있습니다.
ISBN 979-11-7332-431-4 03300

홈페이지 www.gimmyoung.com   블로그 blog.naver.com/gybook
인스타그램 instagram.com/gimmyoung 이메일 bestbook@gimmyoung.com

좋은 독자가 좋은 책을 만듭니다.
김영사는 독자 여러분의 의견에 항상 귀 기울이고 있습니다.

고통을
다스리는
민주주의

정치 없는 치유,
치유 없는 정치를
넘어서

김찬호 지음

Democracy and
the Healing of Suffering:
Beyond Healing without
Politics, Politics without
Healing

김영사

차례

나는 그동안 여러 주제로 글을 쓰고 책을 냈다. 구상은 했지만 집필하지 못한 주제들, 집필에 들어갔지만 마무리하지 못한 기획들도 많다. 그런데 그동안의 저술 및 계획 목록에 '정치'에 관한 것은 없었다. 민주주의 교육이나 권력에 대한 단상을 몇 번 기고한 것 말고는 정치를 제대로 다뤄본 일이 없었고, 그럴 엄두도 내지 못했다. 나는 사회과학도이지만 권력 현상에 대한 이해나 감각은 또 다른 영역이다. 그런 점에서 이번 책은 나의 저술 이력에서 사뭇 이례적이고 돌발적이다. 불현듯 착수한 작업인데, 지금까지 출간한 책 가운데 집필 기간이 가장 짧았다는 점도 아이러니다.

원래 김영사와는 지난해 음악에 관한 책을 계약한 상태였고, 겨울방학에 접어들어 본격적으로 집필하려던 참이었다. 그런데 12월 3일 비상계엄으로 내란 국면이라는 블랙홀에 온 나라가 빨려 들었다. 전대미문의 사건들이 연달아 터지는 가운데 사회 전체가 공포의 터널 속으로 초고속 질주를 시작했다. 시시각각 속보에 매달리는 일상, 초조함과 분노로 점철되는 불면의 밤이 이어졌다. 암흑에 갇히고 절망감에 주저앉지 않으려 틈이 나면 광장에 나가서 목소리를 보태야 했다. 이런 가운데 차분히 앉아서 글을 쓰는 것은 불가능했다. 음악의 본질이나 심미적 경험에 관해 책을 쓰는 일이 참으로 한가하고 부질없어 보였다. 출판사와의 약속을 지킬 자신이 없었다.

다른 한편, 격랑으로 요동치는 정국을 바라보면서 나는 지적인 무력감에 빠졌다. 물론 워낙 황당무계한 일들이 벌어지고 있어서 사태의 이면을 간파하거나 상황의 전개를 예측하는 것은 누구에게나 난감한 일이었다. 하지만 나는 40년 이상 사회학을 공부해온 연구자였기에 더욱 심한 자괴감에 사로잡혔다. 그렇지 않아도 너무 숨 가쁘게 변모하는 세상사, 만화경처럼 펼쳐지는 풍경 앞에 어안이 벙벙해지는 시절이다. 쏟아지는 책들과 새롭게 등장하는 단어들(학술 개념, 사건이나 사물의 명칭, 트렌드 용어, 은어나 약어 등)을 따라잡기도 버겁다. 사회학자로서 도태되지 않기 위해 애를 쓰지만, '사회' 앞에서 나는 언제나 문외한이다.

내란의 시국에 당혹감과 좌절감은 가중되었다. 생각의 조각배를 타고 지식의 망망대해에서 표류하다가 상상을 초월하는 현실의 폭풍우를 만난 듯했다. 나는 세상 모르고 살았노라! 낯선 땅을 처음 밟은 이방인처럼 눈앞의 장면들을 독해하는 데 어려움이 컸다. 의미를 정확하게 알아두어야 할 개념들이 의외로 많았고 관련한 인문사회과학의 연구 성과도 방대했다. 마치 처음 사회학에 입문한 신입생처럼 그것들을 하나씩 배워나가는 공부가 자연스럽게 시작되었다. 호기심과 절실함에서 우러나오는 학습 동기가 강하게 올라왔다. 그 결과물을 묶어 출간하고 싶다고 출판사에 제안했고, 고맙게도 흔쾌히 받아들여졌다. 이렇게 해서 원래의 계약을 수정하여 집필에 착수하게 된 것이다.

이후 대학원생이 된 듯한 심정으로, 떠오르는 의문들을 주제로 삼아 리포트를 써나갔다. 말하자면 스스로 부여한 과제물을 하나씩 작성한 것이다. 기존의 여러 문헌과 언론 기사들을 통해 관점과 해석의 틀을 가다듬고, 온라인 미디어나 토론회 등을 통해 여러 전문가의 견해를 접하며 상황을 읽어가는 작업이었다. 아울러 나의 60여 년 생애 경험을 성찰하며 거기에 찍혀 있는 현대사의 발자국들도 더듬어보았다. 학교에서 민주주의 교육을 받지 못한 채 권위주의 풍토에서 자라난 우리 세대가 어떤 마음의 습관을 지니게 되었는지, 그것이 지금 복잡다기한 사회 변동의 궤적과 어떻게 연동되는지도 살펴보았다.

이 책은 8개의 키워드로 각 장을 구성하고 그 아래 4개의 주제를 다루었는데, 전체적으로 동시다발적으로 떠오르는 질문들을 중심으로 답안을 작성한 옴니버스 형식에 가깝다고 할 수 있다. 학문적으로 새로운 관점이나 최신 논의를 쫓기보다 나름대로 열심히 조사하고 탐구한 내용을 꼼꼼하게 그리고 읽기 쉽게 정리하는 데 방점을 두었다. 나라가 휘청거리고 역사가 길을 잃었던 시간 속에서 동료 시민들과 함께 고민하고 대화하며 배운 것을 기록한 이론과 실천의 에세이라고 할 수 있다. 독자 여러분은 글이 실린 순서에 상관없이 관심사를 따라 각 장을 오가며 읽을 수 있다.

정치를 주제로 쓰기 시작한 책이지만 결국 현실을 두루 살펴보는 작업이 되었다. 외형적 풍요에도 불구하고 내적 고통이 줄어들지 않는 상황에서 민주주의가 어떤 실마리가 될 수 있는지에 초점을 맞추어 논의했다. 민주주의는 단순히 제도나 시스템이 아니라, 삶을 담아내는 그릇이고 사회를 빚어내는 틀이다. 치유가 이뤄지기 위해서는 시민들 사이에 새로운 관계가 열려야 한다. 서로에게 자리를 내어주는 환대의 문화가 형성되어야 한다. 적대적 정체성에서 우호적 정체성으로, 인정 투쟁에서 상호 인정으로 나아가야 한다. 그러한 마음의 움직임을 정치는 어떻게 북돋을 수 있는가. 차분하게 전진하는 듯하다가 어이없는 퇴행과 파열을 반복하는 K-민주주의의 체질이 개선되려면 무엇이 필요한가. 이런 질문을 붙잡고 생각을 정리했다.

원고를 마무리할 즈음에 이루어진 파커 파머Parker J. Palmer와의 온라인 대담은 화룡점정과도 같았다. 나는 그분과 10년 이상 교류하면서 비슷한 활동을 공유했고 그의 책을 두 권 번역했지만, 뜻을 같이하는 다른 분들과 함께 공개적으로 이야기를 나눈 것은 이번이 처음이다. 미국과 한국에서 맞이한 민주주의의 위기를 염려하면서 치유와 회복의 길을 모색하는 자리였는데, 정치라는 외적 세계와 마음이라는 내적 세계를 연결하는 시민 공동체의 가능성을 즐겁게 상상할 수 있었다. 8개월에 걸쳐 이뤄진 나의 연구와 저술을 축하해주는 것처럼 느껴졌다. 그 내용을 요약해 부록으로 싣는다.

한겨울의 혹한 속에서 시작된 작업이 기나긴 폭염을 지나고 너무 짧은 가을을 건너 겨울의 문턱에서 마무리되고 있다. 정치적 파국이 가까스로 평정되면서 한시름 놓으려니 갈수록 심각해지는 기후 위기가 다시 눈에 들어온다. 게다가 재난을 막기 위해 힘과 지혜를 모아야 할 지구촌은 또 다른 재난들을 키우고 있다. 제2차 세계대전 이후 형성된 세계 질서가 해체되고 다극화가 진행되는 가운데 곳곳에서 전쟁과 학살이 벌어진다. 여러 선진국에서 고도성장이 막을 내리자 극우 세력이 발흥하고 스트롱맨들이 설친다. 자유주의의 선봉장이었던 미국이 약탈 경제의 주먹을 휘두르면서 국제 관계를 어지럽힌다. 바야흐로 시대착오의 시대다.

문명과 자연의 작용 및 반작용이 중층적으로 뒤얽히는 고도의 복잡계와 다중 위기에 우리는 제대로 적응하고 있는가. 내우內憂와 외환外患이 맞물리는 지각 변동에서 어떻게 중심을 잡을 것인가. 인류의 존망이 걸린 절체절명의 시기에 민주주의는 더욱 소중한 과업으로 다가온다. 국가뿐 아니라 글로벌 차원에서 이해관계를 조정하고 공동 대응 방안을 수립하는 리더십도 매우 절실하다. 민주주의가 전 세계적으로 후퇴하는 가운데 몰락의 위기를 딛고 다시 일어서는 K-민주주의가 좌표 한 점을 찍어줄 수 있으면 좋겠다. 이 책은 그 작업을 위한 성찰의 기록이다.

저술의 기획을 갑작스럽게 변경했는데 기꺼이 출판을 허락해주신 김영사에 감사드린다. 난삽하고 장황한 원고를 꼼꼼하게 살펴 가지런한 모양새를 갖추도록 해주신 박민수 편집자의 수고가 각별했다. 감정의 요동 속에서 쓴 글이라 모가 난 부분이 많고 오류도 적지 않았는데 냉정하게 체크하고 차분하게 교열하며 책의 방향을 잡아주신 덕분에 순조롭게 마무리할 수 있었다. 이 자리를 빌려 깊은 고마움을 전한다.

2025. 11. 11.

상암동 자택에서 하늘공원을 바라보며

민주주의가 치유하는 마음, 민주주의를 치유하는 마음

우리 시대 인간의 운명은 정치적 용어로
자신의 의미를 드러낸다.

_토마스 만

《도덕경》17장은 정치의 수준을 네 등급으로 나눈다. "가장 뛰어난 군주는 백성들이 그의 '있음'을 알 뿐이다. 다음은 백성들이 가까이 여기며 칭송하는 군주이고, 그다음은 백성들이 두려워하는 군주다. 그리고 가장 나쁜 것은 백성들에게 업신여김을 받는 군주다." 우리가 알고 있는 국내외의 역대 통치자들을 이 기준으로 평가한다면 어떤 등급에 많이 분포될까. 최고의 지도자는 드러나지 않는 지도자라고 했는데, 그런 리더가 이끄는 나라는 어디일까. 노자의 메시지는 명료하다. 최고의 정치적 성취는 권력자의 과시나 위용이 아니라, 시민들이 자율적이고 자연스럽게 살고 있다고 느끼는 상태라는 것이다.

우리가 바라는 행복한 삶의 조건에는 여러 가지가 있지만,

한 가지 공통된 것으로 '정치적 안정'이 있을 듯하다. 사람들이 정치에 마음을 쏟지 않아도 되는 '태평성대' 말이다. 신체가 건강하면 몸에 신경이 쓰이지 않고 공기가 좋으면 그 존재가 의식되지 않듯, 정치도 순조롭게 굴러가면 관심의 대상이 되지 않는다. 유발 하라리는 "정치와 뉴스는 지루할수록 좋다"고 말했는데,[1] 정치적 이슈가 선정적으로 다루어지는 것은 갈등과 대립이 날카로워질 때다. 그것은 정치인들만의 옥신각신이 아니라 사회 구성원 전체가 얽힌 공동의 문제다. 그러므로 정치의 소란함은 삶의 어지러움을 반영한다고 볼 수 있다. 또한 '정치의 희극은 국가의 비극이다'라는 말이 있는데, 정치 과정에서 생겨나는 부조리와 우스꽝스러운 일들이 나라를 위태롭게 한다는 뜻이다.

판도라의 상자와 정치

정치에 대한 우리의 느낌은 대체로 부정적이다. 정치권에 대해서만이 아니다. "그 사람, 너무 정치적이야"라는 평가는 어떤 의미인가. 편 가르기, 줄 세우기, 세券 불리기, 힘겨루기, 말 바꾸기, 기회주의, 쇼맨십, 권모술수, 협잡, 험담, 이간질, 아첨, 배신, 비겁함… 인간관계에서 나타나는 거의 모든 부정적 행태가 '정치'라는 단어에 함축된다. 직장에서 '사내 정치'를 하는 직원들이 기피와 경계의 대상이 되는 이유도 바로 거기에 있다. 개인적인 목표를 이루기 위해 조직에서 인정되지 않은 방법들을 교묘하게 구사하고, 그 과정에서 타인을 수단화하기 때문이다. 정치인은 그런 처세술의 달인으로 여겨지고, 정치판은 '정치질'의 집합소로 여겨진다. '정치 검사'처럼 그런 풍조에 오염된 공무원들까지 가세한다. 그래서 정치 이야기만 나오면 짜증이 난다.

하지만 그것은 정치의 현상일 뿐이다. 정치의 본질은 무엇인가. 정치학자 데이비드 이스턴에 따르면, 그것은 '한정된 자원의 권위적 배분'이다. 정치는 단순한 권력 다툼이나 이념적 갈등이 아니라, 공동체의 한정된 자원을 어떻게 나누어 가질 것인가를 둘러싼 제도적 과정이라는 뜻이다. 그러므로 사회의 어느 구성원도 정치와 무관할 수 없다. 정치인은 사회의 거의 모든 영역에 결정적인 영향을 주는 '슈퍼 인플루언서'다. 토마스 만의 말대로, 우리 모두의 운명은 정치적인 맥락에서 드러난다. 〈나는 자연인이다〉 같은 프로그램의 출연자들이나 암자에 은둔하는 수도승들도 정치의 영향에서 벗어나지 못한다. 현실로부터 도피하려 해도 정치가 찾아와 운명을 규정하고, 정치적 격랑이 삶을 통째로 뒤바꿀 수 있다. "저는 정치에 관심 없거든요"라는 선언조차 하나의 정치적 입장이고, 투표 불참이나 불의한 권력에 대한 침묵도 엄연한 정치적 행위다.

그렇다면 정치의 존재 이유는 무엇인가. 여러 가지를 말할 수 있겠지만, 궁극적으로 고통을 줄이는 것이 아닐까. 근대 국가 탄생의 토대가 된 사회계약 사상은 정치가 국민의 안전과 권리를 보장하여 고통을 경감해야 한다는 원칙을 확립했다. 또 다른 철학적 기반인 공리주의에서도 '최대 다수의 최대 행복'을 내세우면서 권력의 정당성을 사회 구성원의 고통을 줄이고 행복을 증진하는 데 두었다. 다른 한편 마르크스는 지배계급의 착취를 극복할 정치적 행동을 주장했고 그에 부응하여 사회주의 혁명도 일어났다. 그런 파동을 의식하면서 자유민주주의 진영은 복지국가 시스템을 다양한 방식으로 구현했다. 이제 불평등을 줄이면서 '최소한의 인간다운 삶'을 보장하는 것은 근대 국가의 핵심 책무로 자리 잡게 되었다.

그런데 현실에서는 어떤가. 국가가 국민을 보호한다는 명목으로 새로운 통제와 폭력을 정당화하는 경우가 비일비재하다. 정치가 사회적 고통을 줄이기는커녕 새로운 고통을 만들어내는 것이다. 따라서 민주주의의 소임은 인간의 고통을 줄이면서 권력의 남용을 견제하는 데 있다고 할 수 있다. 정치가 고통의 원인이 되는 경우는 많다. 어떤 집단을 모욕하는 것, 국가 폭력 피해자들의 발언을 봉쇄하는 것, 사회적 참사에 대해 책임자들이 침묵하는 것 등이 그 예다. 국가는 물의를 일으킨 발언에 대해 사과하고 피해자들의 호소에 귀 기울이고 사고의 진상을 규명하는 것 등으로 치유에 나서야 한다.

더 나아가 국가는 비정치적 고통에도 응답할 책무가 있다. 여러 모양으로 불행한 운명을 타고난 사람들, 자연재해의 희생자들, 주변부에 고립된 사회적 약자들을 포함해 국가가 돌보아야 할 대상의 스펙트럼은 매우 넓다. 우선 그 고통의 원인을 찾아 해결하는 정책이 시행되어야 한다. 거기에 더해 복지 체계와 안전망으로 생활을 보호해야 하고, 아울러 고통에 시달리는 마음 그 자체를 보살피는 일에도 힘써야 한다. 심리 상담 등 정신건강 지원, 지역 사회 연계를 통한 커뮤니티 활성화 등 다각적인 접근이 필요하다. 그러한 정책들의 수립과 실행은 정치의 현실에 크게 좌우된다.

정치와 치유의 공통점

정치와 치유는 다소 이질적으로 느껴진다. 정치는 거대한 영역에서 작동하는 공식적인 권력으로 간주되고, 치유는 일상적인 영역에서 오가는 인간적인 보살핌으로 여겨진다. 그동안 정치는 생활세계의 구체적인 움직임들과 거리가 멀었고, 마음을 돌보는 일은 정치와 무관하거나 탈정치화되어 있었던 듯하다. 이제 '치유 없는 정치'와 '정치 없는 치유', 둘 다 넘어서야 한다. 정치와 치유는 만나야 한다. 접점이 있을까? 두 단어를 자세히 들여다보면 답이 나온다. 양쪽 모두 '다스릴 치治' 자가 들어간다. 정치와 치유는 무엇인가를 다스린다는 의미를 내포한다. 다스린다는 것은 무엇인가. 사전은 '보살펴 이끌거나 관리하는 것'이라고 풀이하고 있다.

정치는 고통을 보살펴야 한다. 민주주의는 그 자체로 치유의 원천이 될 수 있다. 민주주의의 핵심은 시민 공동체의 형성이기 때문이다. 오래전 아리스토텔레스는 이렇게 말했다. "모든 공동체가 어떤 형태의 좋은 것을 추구한다면, 최고의 공동체이자 다른 모든 공동체를 포함하는 공동체가 가장 좋은 것을 추구하리라는 사실은 명백하다. 이 공동체가 국가라 불리는 시민들의 공동체다."² 정치는 관계의 예술이다. 최고의 정치는 마음과 마음을 연결하여 공동의 에너지를 고양시키고 사회의 탁월한 잠재력을 이끌어낸다. 집단 지성을 통해 삶과 세계의 가능성을 확장하는 그러한 행위는 그 자체로 기쁨이다.

그런데 그것이 어떻게 치유로 연결되는가. 지금 우리 사회에는 경제적인 수단만으로는 해결하기 어려운 고통이 점점 늘어난다. 고립에서 오는 불안과 외로움, 타인의 무시와 갑질로 인한 모멸감, 정체성을 매개로 한 차별과 배제 등이 만연하다. 이런 종류의 고통은 물질적 조건이 향상되어도 해결하기 어려울뿐 아니라 오히려 악화하기도 한다. 국가가 해법을 찾는 데도 한계가 있다. 예를 들어 차별의 경우 정치권이 인권을 보호하는 법률을 정비해서 평등을 보장할 수 있지만, 뿌리 깊은 편견과 사회적 인식을 곧바로 바꾸기는 어렵다. 철학자 낸시 프레이저의 이론에 따르면, 이런 문제들은 단순히 자원 분배의 불균형이 아니라 '사회문화적 인정의 부재'에서 비롯되는 인정의 정치 영역이다.[3] 따라서 소득의 향상이나 경제적 재분배만으로는 그런 곤경이 사라지지 않으며, 문화적 관용과 상호 존중 및 환대의 에토스가 형성되어야 한다.

외로움은 어떤가. 친밀감의 형성은 사적인 관계에서 자발적으로 이루어지는 것이기에 국가가 나서는 데는 근본적인 한계가 있다. 심리적 고립을 해결하려면 공동체 문화의 재건과 개인 간 신뢰 회복, 시민사회 차원의 노력이 필요하다. 인생의 공허함과 일상의 무료함, 죽음에 대한 두려움 등 개인적이고 내면적인 문제도 정치가 직접 다루기는 어렵다. 삶의 의미와 정체성의 발견은 종교, 예술, 인문학, 자원봉사, 친목 모임, 동아리 활동 등을 통해 이뤄진다. 이를 위해 정치가 할 수 있는 역할은 그런 소통이 가능하도록 표현 및 결사의 자유를 보장하는 것이다. 삶의 애환을 나누면서 대안을 모색할 수 있도록 다양한 공론의 장을 열어주면 더욱 좋겠다.

박구용 교수는 말한다. "정치는 권력 행사로 축소될 수 있지만, 참으로 정치적인 것은 '공동의 것을 공동의 것으로 만드는 과정'이어야 한다."[4] 한나 아렌트는 정치의 가치를 "공동 세상에서 함께 말을 하고 행동함으로써 나타나는 인간다움"에서 찾았다.[*] 동

---

[*] 아렌트는 《인간의 조건》에서, 정치의 핵심을 행위action와 언어speech에 기반한 '공공적 출현public appearance'으로 본다. 이를 통해 인간이 서로를 향해 자신을 드러내고 서로에게 증언함으로써, 정치적 존재로서의 '공동 세계common world'를 구성한다고 설명한다.

료 시민들과 세계를 창조하면서 경험하는 존재의 고양은 우리가 누릴 수 있는 정치의 최고 선물이 아닐까.

좋은 정치는 행복의 중요한 조건이다. 민주주의는 새로운 대화의 공간을 창조함으로써 마음을 치유한다. 그런데 민주주의는 쉽게 훼손된다. 어떻게 회복할 수 있을까. 역사를 돌이켜보면 결국 시민들이 나서서 해결했다. 공공선으로 모아진 마음이 민주주의를 치유한다. 그러니까 민주주의가 마음을 치유하고, 건강한 마음이 민주주의를 치유한다. 민주주의와 마음은 서로를 돌보는 관계에 있다. 로버트 달에 따르면, 민주주의 발전과 사회 구성원의 수준 및 능력 향상은 호혜적이다. 시민들의 '계몽된 이해'가 민주주의를 발전시키고, 민주주의는 다른 어떤 대안적 체제보다 인격 발전을 완전하게 촉진한다.[5] 경제의 성장도 인간의 성장이 뒷받침되지 않으면 불행의 원천이 된다. 만인이 성인聖人(인간이 도달할 수 있는 도덕적 완성과 지혜의 극치)을 향해 정진할 때, 태평성대太平聖代가 그만큼 가까워진다.

민주주의는 결코 완결될 수 없는 프로젝트다. 그것은 언제나 진행형이고 끊임없이 좌충우돌한다. 한국에서만이 아니다. 저널리스트 빈센트 베빈스는 《광장의 역설》이라는 책을 통해 2010년대 이후 브라질, 튀니지, 이집트, 미국, 홍콩 등에서 폭발적 저항 운동에 뒤따른 반동적 반혁명의 상황을 자세하게 보고한다.[6] 책의 원제는 'If We Burn'인데, 불처럼 거대한 시위가 전 세계를 휩쓸었지만 왜 '혁명'으로 이어지지 못했는지를 추궁한다. 그 나라들에서 일어난 민주화운동은 부조리한 체제에 타격을 가하는 데는 유능했지만 새로운 권력을 세우는 기획이 없었다. 수평주의 원칙에 집착해 조직과 지도자를 거부했던 자유주의 운동의 한계가 드러났고, 극우 세력을 막아낼 조직과 메시지와 리더십도 부족했다. 저자는 개혁을 주장하는 시위보다 개혁을 실현하는 정치가 더 어렵다고 말한다. 정치적 파국을 가까스로 모면한 한국에 주는 시사점이 크다.

민주주의가 지속 가능하려면, 민심民心이 탄탄해야 한다. 민심은 단지 '표심'이 아니다. 특정 정치인이나 정당의 득표에 동원되거나 조작되는 대상이 아니라, 정치권의 지형을 바꿔나가는 정신의 근원이다. 그래서 민심은 천심이다. '빛의 혁명'은 그것을 다시 한번 확인하는 계기가 되었다. 12.3 비상계엄 사태는 민주주의에 트라우마를 남겼지만, 내란의 극복 과정은 상처받은 민심을 스스로 치유하는 시간이었다. 시민들은 공동의 운명을 일깨우면서 정치적으로 거듭날 수 있었다. 그 과정에서 경험된 경이로운 일체감이 일상을 풍요롭게 가꿔가는 공통감각으로 변환되어야 한다. 광장 민주주의의 시간이 일단락된 지금, 그동안 묵음 처리 되었던 목소리들이 들리고 실현되도록 사회 대개혁을 이행해가야 한다. 우리에게 남다른 정치적 상상력이 요구된다.

1
—

재난

민주주의는 인류가 도달한 최고의 정치
체제이지만, 한순간에 무너져버릴 수 있는
취약함을 숙명처럼 지니고 있다. 민주주의의
기본 원칙을 훼손하면서 공공선을 위협하는 세력은
곳곳에서 출몰한다. 하지만 깨어 있는 시민들은
그 절망의 시간을 견디면서 '다시 만난 세계'를
향해 나아간다. 정치적 재난을 딛고 일어서면서
한결 단단한 생명체로 거듭난다.

복합 위기와 정치적 책임

"우리 아이들은 백조가 무엇인지 알 수 있을까요? 지난 50년 동안 800종의 동물이 사라진 세상에서 우리가 딸들에게 무엇을 물려줄 수 있을지 모르겠습니다. 저는 아버지로서 다음 세대와 그다음 세대가 어떤 경험을 할지 스스로에게 질문을 던져봅니다." 2023년 고전 발레 〈백조의 호수〉를 환경 파괴 고발 스토리로 각색해 한국 무대에 올린 안무가 앙줄랭 프렐조카주의 말이다. 마법에 걸려 백조로 변한 오데트 공주와 지그프리트 왕자의 사랑 이야기가, 거대 자본이 아름다운 호수를 파괴하는 이야기로 바뀌었다. 악마 마법사 로트바르트가 부동산 사업가로 변신해 호수 속 화석 연료를 캐내려 하고, 그에 맞선 오데트 공주는 환경운동가가 되어 시추 장비 판매회사의 상속자인 지그프리트 왕자와 손을 잡는다. 호수라는 공간을 낭만적으로만 바라볼 수 없게 된 현실을 일깨워주는 묵시록이다.

인간의 역사는 재난으로 점철되어 있다. 전염병, 홍수, 기근 등의 천재지변이 빈발했고, 크고 작은 전쟁이 끊이지 않았다. 대부분의 인류는 만성적인 기아 상태와 극도로 위험한 환경 속에서 살아왔다. 근대 과학혁명과 기술 발전 덕분에 생활 여건은 획기적으로 개선되었는데 자연에 대한 예측 가능성, 이해 가능성, 통제 가능성이 높아지면서 재난 대응력이 향상된 결과라고 할 수 있다. 덕분에 인류의 수명은 빠르게 늘어났고, 특히 지난 100년 사이에 두 배 이상 증가했다. 하지만 모든 것이 좋아지기만 한 것은 아니다. 일부 재난은 극적으로 줄어들었지만 어떤 재난은 새로운 양상으로 악화되고 있기도 해서, 다른 방식으로 대응해야 하는 상황이다. 지금 우리가 당면한 재난은 어떤 점에서 난해한가. 고통은 누구의 몫인가.

전례 없는 재난의 양상

현대사회에 만연하는 재난의 양상은 크게 네 가지 차원으로 생각해볼 수 있다.

첫째, 전 지구적 규모로 일어난다. 과거의 천재지변은 엄청난 피해를 주었지만, 그 범위가 일정한 지역에 한정되어 있었다. 20세기 가장 치명적 전염병이었던 스페인독감은 최대

5,000만 명의 목숨을 앗아 갔지만, 동아시아 3국이나 아프리카 남미 등에는 피해가 미미했다. 그에 비해 코로나19는 순식간에 지구촌 전체로 퍼져나가면서 모든 국가에 엄청난 타격을 주었다. 세계가 하나의 시스템으로 통합된 결과다. 다행히 백신의 신속한 개발과 보급 그리고 집단 면역 형성 등으로 3년 만에 극복할 수 있었다. 그에 비해 한 해가 다르게 악화하는 기후 위기는 출구가 보이지 않는다. 대기권을 공유하는 인류가 운명 공동체가 되어 파국으로 치닫고 있지만, 고통을 공정하게 분담하는 원칙조차 합의되고 있지 않아 실행의 로드맵을 짜기가 매우 어려운 실정이다.

둘째, 피해가 다음 세대로 대물림되고 가중된다. 과거의 천재지변은 아무리 끔찍하다 해도 당대 사람들의 고통으로 끝났다. 그런데 지금의 환경 문제는 시간이 흐를수록 악화 일로다. 기후 위기와 생물 멸종, 쓰레기, 해양 오염, 유해 화학 물질, 자원 고갈 등은 부정적 결과들이 누적되고 어느 임계치를 넘어서면서 걷잡을 수 없는 사태로 돌변한다. 다른 한편으로 인간이 건설한 하드웨어도 엄청난 부담이 될 것이다. 지금까지 조상들이 만들어놓은 교량이나 건물이 우리에게 짐이 되지는 않았다. 오히려 당대에는 민중들의 착취로 만들어졌지만, 지금은 대부분 문화유산과 관광자원이 되었다. 반면에 지난 70년 동안 산업화와 도시화 과정에서 대대적으로 벌인 토목 공사와 곳곳에 세운 구조물들은 어떻게 될까. 싱크홀 같은 사고는 앞으로 계속 늘어날 것이고, 각종 시설은 노후화로 인해 엄청난 유지보수 비용을 낳을 것이다. 특히 아파트 단지는 슬럼화가 불가피하고, 인구 감소로 인해 용적률을 높이는 방식의 재건축이 어렵기 때문에 자산 가치는 큰 폭으로 떨어질 수밖에 없다. 우리는 이 막대한 비용을 후손들에게 전가하고 있다.

셋째, 재난의 복합성과 상호 연관성이 높아진다. 예전에는 천재지변의 원인이 비교적 단순하고 분명했다. 그런데 산업화가 초래한 인위적 위험이 보편적 위협으로 부상하면서 — 이것을 사회학자 울리히 벡은 '위험사회'라고 명명했다 — 너무 많은 변수와 요소들이 뒤얽힌다. 그 결과 '의도하지 않은 결과들'이 점점 많아진다. 사회학 연구에 따르면 어떤 전문가도 자신의 지식이 적용된 결과에 대해서는 전문가가 아니라고 한다. 예를 들어 화학자들은 수많은 물질을 개발하지만 그것이 생태 환경이나 인체에 미치는 영향에 대해서는 무지하다. 그 교집합에서 가습기 살균제 사고 같은 재난이 발생한다. 비슷한 공백 지대는 점점 늘어나는데, 예를 들어 의사는 미세 플라스틱에 무지하고, 플라스틱 전문가는 신체를 알지 못한다. 그 부작용이 과학적으로 규명될 무렵에는 이미 엄청난 피해가 발생했을 가능성이 매우 높다. 줄어들지 않는 각종 안전사고도 상당수 시스템의 복잡성에서 비롯된다. 조직이 비대해지고 업무가 팽창하면 책임 주체가 명확하지 않은 사각지대들이 생겨난다. 담당자들의 주의력 저하나 기강 해이 등으로 자연재해가 인재人災와 맞물리고 온갖 사회적 참사로 이어지는 과정을 우리는 고통스럽게 경험해왔다.

넷째, 재난이 정치화되는 경우가 점점 많아진다. 전통사회에서는 불가항력적인 자연재해가 대부분이었기 때문에 군주가 상징적으로 책임을 통감하는 수준에서 그칠 수 있었다. 그에 비해 인위적인 환경의 비중이 점점 커지는 현대사회에서는 정부가 그 관리를 책임져야 한다. 그래서 천재지변이라 할지라도 예방이나 사후 대응이 부실했다고 판명될 경우 정치적 쟁점이 된다. 표면적인 업무 과실만이 아니라, 재난에서 드러난 구조적 문제(불평등, 부패, 규제 실패 등)가 첨예한 의제로 비화한다. 특히 각종 매체를 통해 재난의 실상이 상세하게 보도되는 정보 환경에서는 공론장이 더욱 뜨거워지기 쉽다. 그런 가운데 피해자 단체나 시민사회가 진상 규명과 안전 제도 개선 등을 주장하게 되는데, 이에 적절하게 대응하지 못하면 정권 자체의 존립이 위태로워진다. 권위주의 체제에서는 그런 목소리가 원천적으로 차단되고, 결과적으로 재난 유발 요인들이 은폐되어 더욱 위험한 사회가 되어버린다. 민주적 공간을 보장하지 않으면 안전한 삶터의 확보가 어려워지는 셈이다. 투명하지 않은 권력은 재난 앞에서 국민을 더욱 취약하게 만든다.

재난이란 무엇인가. 재난을 뜻하는 영어 단어 'disaster'에서 'aster'는 별을 가리킨다(천문학이 'astronomy'이고 우주비행사가 'astronaut'이다). 'disaster'는 별에 부정어 'dis'를 붙인 합성어다.

그러니까 재난이라는 단어는 '별이 사라짐'을 의미하는 어원에서 유래했다. 나침반이 없었던 과거에, 항해 시 길잡이 역할을 하던 별이 구름에 가려지거나 폭풍우로 보이지 않으면 길을 잃는 재앙으로 여겼다. '별의 상실'이 곧 큰 재난을 뜻하게 된 것이다. 지금은 별을 보고 방향을 잡는 시대가 아니지만, 그 비유는 여전히 통한다. 캄캄한 밤에 바다 위에 표류하면서 어디로 가야 할지, 누구에게 도움을 청해야 할지, 그 어느 것도 스스로 결정할 수 없는 듯한 상황이 바로 재난이라고 할 수 있다.

사회 시스템이 날로 복잡해지고 재난의 규모가 점점 커지는 지금, 방향과 좌표를 잡아주는 정치적 리더십의 중요성은 점점 커진다. 사상 초유의 범지구적 기후 위기 속에서 파국으로 치닫는 문명의 폭주를 멈춰 세우려면 민주주의의 성능을 업그레이드해야 한다. 2021년 환경재단을 비롯한 여러 환경단체와 각계 인사들은 대한민국 헌법 제1조에 제3항으로 다음 내용을 추가하도록 제안했다. "대한민국은 기후 및 생물 다양성 위기를 극복하고 지속 가능한 환경을 후손에게 물려줄 의무를 지닌다." 다음 개헌 때 반드시 들어가야 할 조목이다. 깨어 있는 시민들의 조직된 힘이 결정적인 지렛대가 될 수 있을까. 국가가 모두의 지속 가능한 삶을 보살피면서 '정의로운 전환'을 위해 정치적 결단을 내릴 수 있을까. 욕망의 관성에 떠밀려 다니다가 디스토피아로 추락하지 않도록 하늘의 징조를 정확하게 읽어내는 시력이 지도자와 시민 공동체에게 요구된다.

'결손 사회'의 자화상

1968년 개봉된 영화 〈혹성 탈출〉의 촬영장에서 흥미로운 광경이 펼쳐졌다고 한다. 당시는 지금처럼 CG 기술이 발달하기 전이라 배우들이 6시간 동안 유인원 분장을 받은 뒤 쉬는 시간에도 지우지 못한 채 종일 촬영해야 했다. 그런데 중간에 식사 시간이 되자 무리를 짓는 양상이 인상적이었다. 누가 지시하거나 유도하지 않았는데도 자연스럽게 같은 동물 역할을 하는 배우들끼리 모였다. 그러다 보니 침팬지, 오랑우탄, 고릴라의 세 그룹으로 나뉘었다. 단지 연기를 위해 잠시 분장한 것뿐이지만 겉모습이 같은 배우들 사이에 친근감이 생겨난 것이리라.

인간은 소속감과 일체감을 추구하는 동물이다. 친밀한 지인들뿐 아니라 익명의 타인들과도 연결되어 있음을 느끼면서 살아가는 힘을 얻는다. 이른바 '사회자본social capital'이라고도 할 수 있는데 신뢰, 규범, 호혜, 네트워크 등 사회 내 무형의 자원을 의미한다. 즉 사람들 사이의 관계에서 발생하는 자원으로, 유대와 협력의 윤활유가 되어 사회의 효율을 높이고 민주적 거버넌스의 작동을 돕는다. 그런데 지난 반세기 동안 많은 나라에서 사회자본이 줄어들었다. 로버트 퍼트넘은 《나 홀로 볼링》에서 1960년대 말부터 미국에서 혼자 볼링을 치는 사람이 늘어났다면서, 이는 공동체 해체의 중요한 지표라고 말한다. 신자유주의가 확대되면서 많은 나라에서 개인이 원자화되고 파편화되어왔다.

한국도 예외가 아니다. 예를 들어 〈응답하라 1988〉에 나오는 동네 풍경이 이제는 아득한 추억으로만 느껴진다. IMF 외환위기 이후 사회적 연결망과 신뢰가 급격하게 허물어졌고, 그에 맞물려 한국인은 돈과 위세 획득을 향한 무한경쟁으로 치달았다. 빨리빨리 문화 속에서 각자도생의 에너지를 극대화한 결과 경제위기를 금방 극복하고 선진국의 반열에도 올랐다. 하지만 최저의 출산율과 최고의 자살률 및 산업재해 사망률로 확인되듯, 그 이면에는 커다란 그림자가 드리웠다. 서로 기댈 언덕이 사라지면서 삶이 너무 버겁고 위태롭게 느껴진다. 예전에 '결손 가정'*이라는 말이 있었다. 그것을 응용해

---

* 부모가 한 명 또는 모두 없는 가정을 의미하는데, '결손'이라는 단어가 주는 부정적이고 차별적인 뉘앙스 때문에 지금은 '한부모 가정' 또는 '조손 가정'이라고 부른다.

서 말한다면, 우리는 지금 '결손 사회'에 살고 있는 것은 아닐까? 부모의 돌봄이 부족해서 제대로 성장하지 못하는 아이들처럼, 사회가 부실해서 개인들이 온전한 삶을 영위하기 어려워졌다.

코로나19 팬데믹은 균열을 가속화했다. 한국은 IT 인프라를 활용한 원격교육 전환과 엄격한 방역 조치로 팬데믹을 성공적으로 관리했다고 평가받았다. 하지 만 3년 동안 시행된 사회적 거리 두기의 부작용이 뒤늦게 나타났다. 사회성 및 정서 발달에 커다란 공백이 생긴 아동 및 청소년이 품행 장애나 자살 증가를 보이고 있고,** 청년층은 우울 등 정신건강 지표가 크게 악화되었으며, 중장년과 노년 세대에서도 인간관계망이 축소되고 정서적 고립이 심각해졌다. 대면 활동의 제한은 취약계층에게 더욱 커다란 상흔을 남겼는데,*** 그렇지 않아도 가족의 유대와 공동체의 지지가 부족한 상황에서 혼자 지내는 시간이

** 2020년 연세대 의대 김현철 교수가 진행한 연구에 따르면, 등교가 코로나 감염에 별다른 영향을 주지 못했다. 아이들이 친구 집, 학원, 놀이터, 편의점 등에서도 비슷하게 감염되었기 때문이다. 그런 연구 결과가 나왔는데도 한국의 등교 제한 조치는 다른 선진국보다 훨씬 길게 이어졌고, 그 결과 학습 불평등이 더욱 심해졌다. 그로 인해 생겨난 학생들의 정서 및 사회성 결핍으로 지금 큰 대가를 치르고 있다.[1]

*** 세계보건기구WHO의 분석에 따르면, 코로나19 팬데믹에서 저소득층, 소수 인종 집단, 이주민, 비공식 부문 노동자, 노숙인 등이 큰 피해를 입었다. 재택근무가 불가능한 필수노동자들이나 다인 가구 거주자 등에서 감염 노출이 컸고, 기저 질환을 지닌 저소득층이나 노년층은 치료 접근성과 면역력 측면에서 불리했기 때문이다.

늘었기 때문이다. 의지할 사람이 없다는 소외감, 다른 사람들에게 짐이 된다는 수치심이 가중되면서 심리적으로 위축된 것이다. 결국 팬데믹은 사회경제적 위치에 따라 비대칭적인 충격과 고통을 안겨준 불평등한 재난이었고, 그 후유증은 지금까지 이어지고 있다.

사회적 고립의 위험성

빈곤층이 재해에 더욱 취약한 것은 다른 재난에서도 마찬가지다. 한국에서 폭우로 도시가 침수되면 저지대의 낡은 주택 밀집지와 반지하에 사는 저소득층 가구가 큰 피해를 본다. 일본에서는 똑같은 지진이라도 이웃 관계가 단절된 지역일수록 피해가 큰데, 위험한 상황에서 각자도생하느라 도움을 주고받지 못하는 데다가 특히 신체가 허약한 주민들이 방치되기 때문이다. 그리고 재난 전부터 고립되고 취약했던 이들일수록, 재난 후에도 심리적 회복력resilience이 낮아 정신건강이 계속 나빠지기 쉽다.

빈곤이 사회적 고립으로 연결되는 것은 현대사회에 접어들어 생겨난 현상이다. 근대 이전에는 궁핍한 사람들도 그 나름의 공동체를 이루고 살았다. 부랑자조차 무리를 지어 생활을 꾸렸다. 당시에 가난은 모두 함께 겪는 보편적 상태였고,

그런 현실이 운명으로 받아들여졌다. (먼 옛날까지 갈 것도 없이, 내가 어릴 때만 해도 동네에 실업자들이 많았는데 나름 당당하게 살았고 주변 사람들과 잘 어울리며 지냈다.) 그런데 산업화 이후에는 빈곤의 사회적 의미가 바뀌어서, 공동체 전체의 어려움이 아니라 개인의 실패로 여겨지기 시작했다. 임금노동 사회에서 생계는 개인의 노동 능력에 달려 있다. 일하지 못하는 상태는 곧 게으름, 무능, 자기 관리의 실패 등으로 낙인찍히기 십상이다.

물론 국가가 그들을 완전히 방치하지는 않는다. 정상적인 체제에서는 국민의 기본 생활을 책임지는 복지정책이 펼쳐진다. 그런데 그 과정에서 '빈곤선poverty line'을 설정해 경제 수준을 측정하고 분류하면서, 가난은 통계적으로 규정된 사회 문제가 되었고 개인이 책임져야 하는 문제로 축소된다. 그 결과 복지 수혜자들은 마땅한 권리를 누리는 것인데도 타인에게 '의존'하는 존재로 낙인찍히고, 당사자 스스로도 수치심을 느끼며 자신을 노출하거나 타인과 접촉하기를 꺼리게 된다. 이런 가운데 가난은 사회적 위축과 고립으로 쉽게 이어지고, '송파 세 모녀 사건' 같은 비극이 계속 일어나고 있다. 현대사회의 빈곤은 단순한 '경제적 결핍'을 넘어, '관계의 결핍' 그리고 '자존감의 결핍'을 동반한다. 일찍이 애덤 스미스도 빈곤을 '체면과 존엄을 지키며 사회에 참여하기 어려운 상태'라고 설명했다.* 이제 물질적 결핍은 낮은 등급의 인간을 의미하면서 열등감을 유발하게 되었다.

　빈부의 차이가 존엄의 격차로 확장되는 상황을 영화 〈기생충〉은 예리하게 그려낸다. 그 작품에서는 가난의 냄새가 계급의 현실을 드러내는 메타포로 설정되어 있다. 기택의 가족은 신분과 외모를 완벽하게 세탁해 부잣집에 위장 취업 하지만, 체취만큼은 감추지 못한다. 햇빛과 바람이 들지 않는 반지하의 음습한 공간에 살면서 몸에 배어버린 눅눅한 악취가 새어나가고 만다. 이 냄새는 계급 간의 넘을 수 없는 선을 드러내며, 박 사장 부부가 기택의 냄새를 맡고 경멸하고 혐오하는 태도가 분노를 유발해 살인의 도화선이 된다. 이 영화의 배경이 여름인데, 기후 위기로 고온 다습한 여름이 길어질수록 후각적인 위화감이 커지고, 거기에서 비롯되는 고립이나 갈등이 더 많아질 수도 있겠다.

＊　　　애덤 스미스는 '필수품necessaries'을 새롭게 정의한다. "필수품이란, 생활을 유지하기 위해 필수 불가결한 상품뿐만 아니라, 그 나라의 관습상 점잖은 사람의 체면 유지를 위해, 심지어 최하층 계급 사람들의 체면 유지를 위해서도, 없어서는 안 될 상품들을 가리킨다고 나는 생각한다. 예를 들어 아마포 셔츠는 엄격하게 말하면 생활필수품이 아니다. (⋯) 그러나 지금은 대부분의 유럽을 통해 날품팔이라 하더라도 아마포 셔츠를 입지 않으면 다른 사람들 앞에서 부끄러워 얼굴을 들지 못할 것이다."[2]

공적 공간에서 가능한 정서적 치유

가난, 사회적 고립, 수치심이 빚어내는 악순환은 물질적 지원만으로는 해결할 수 없는 복합적이고 구조적인 과제다.[**] 이는 단순히 경제적 문제가 아니라 사회적 시선과 심리적 상처의 문제이기에, 그 비참한 감정을 헤아리고 치유하는 작업이 빈곤 퇴치 정책과 병행되어야 한다. 재난 대응에서도 평등과 존엄을 보장하는 것이 지속 가능한 회복의 필수 조건으로 논의되고 있다. 가난한 사람들이 애덤 스미스가 말한 '수치심 없이 다른 사람들 앞에 나타나는 것이 불가능해진 상태'로부터 벗어날 수 있도록 정서적 치유의 기회를 제공해야 하고 공동체의 교류를 도모하는 프로그램도 다양하게 마련되어야 한다.

나는 2012년에 서울시가 추진한 '복지건강마을' 사업 추진단에 연구자로 참여한 적이 있다. 당시 어떤 지역에서 장애인 합창단 프로젝트가 있었는데, 그 취지가 사뭇 인상적이었다. 다른 사람과 마찬가지로 장애인들도 집에만 갇혀 지내다 보면 마음이 어두워지기 쉬울 뿐 아니라 가족 관계도 침울해지게 마련이다. 자녀들은 장애인 부모를 부끄럽게 여기는 경우가 많

[**] 사회학자 앨리 러셀 혹실드는 《도둑맞은 자부심》에서 가난과 거기에서 비롯되는 수치심과 상실감과 박탈감이 미국의 정치 지형을 어떻게 바꾸었는가를 미국 캔터키주의 옛 석탄 산업 중심지를 현장 조사해 세밀하게 밝혀내고 있다.

고, 그런 정황은 부모의 자존감을 더욱 위축시킨다. 그런데 합창단원으로서 멋진 옷차림으로 무대 위에 서서 노래를 부르는 부모의 모습을 보면서, 자녀들은 자신의 부모에 대해 자부심을 느꼈다고 한다. 무능하고 궁색하다고만 느껴지던 부모가 많은 관객 앞에서 예술적 기량을 드러내 갈채를 받는 광경을 지켜보며 뿌듯함을 느끼게 되는 것이다. 거기에 맞물려 장애인 당사자가 자신을 더욱 소중히 여길 수 있게 되는 것은 물론이다. 바로 이것이 공적 세계의 놀라운 힘이다.

빈곤층이 정부나 이웃에게 스스럼없이 도움을 청할 수 있어야 한다. 그러려면 어려움에 처한 이들이 투명인간처럼 고립되지 않는 관계망이 형성되어야 한다. 고립과 수치심의 악순환 대신 연대와 상호 인정의 선순환이 자리 잡을 때, 가난의 굴레에서 탈출하는 길이 열리기 시작한다. 아울러 자연재해의 피해를 줄이고 스스로 삶을 복원할 수 있는 공동체의 역량도 자라난다. 시민이 스스로를 돕는 자조自助의 과정을 어떻게 북돋을 것인가. 고독과 절망을 보듬어 살피는 포용적 회복의 길은 어디에 있는가. 오늘날 정치의 핵심적 과제 가운데 하나다.

정치적 재난이 초래하는 것들

갈밭마을 젊은 아낙 길게 길게 우는 소리 / 관문 앞
달려가 통곡하다 하늘 보고 울부짖네 / 출정 나간
지아비 돌아오지 못하는 일 있다 해도 / 사내가 제
양물 잘랐단 소리 들어본 적 없네 / (…) / 남편이
칼 들고 들어가더니 피가 방에 흥건하네 / 스스로
부르짖길 "아이 낳은 죄로구나!"

_정약용, 〈애절양 哀絶陽〉 중에서

이 시詩는 어떤 남자가 자신의 성기를 잘라버린 일을 슬퍼하
는 내용이다. 19세기 조선에서는 이른바 '삼정의 문란'으로 민
중의 삶이 도탄에 빠졌다. 지방관들은 죽은 사람과 갓난아이
까지 포함해 군포軍布(16세에서 60세 사이의 양인 남성들이 군역 대
신 납부하던 베)를 거둬 갔다. 지금은 옷이 남아돌지만, 당시에는
베 한 포를 짜는 데 아낙네들이 엄청난 시간과 품을 들여야 했
다. 시에 등장하는 남자는 생계가 막막해져서 관청에 읍소하려
했지만 문전박대당했을 뿐 아니라 키우던 소마저 빼앗겨 너무
원통한 나머지 자해하기에 이른 것이다. 다산의 형인 정약전

선생의 유배 생활을 담은 영화 〈자산어보〉에 그 사건이 짤막하게 묘사된다.

《예기》에 나오는 '가정맹호苛政猛虎'* 일화에서 말하듯, 가혹한 정치는 호랑이보다 더 사납고 무섭다. 인간이 겪는 불행 가운데 많은 부분이 권력의 횡포나 잘못된 제도에서 비롯된다. 정치는 인간의 고통을 가장 많이 발생시키는 영역이라고 할 수 있다. (그다음으로는 경제 영역이 꼽힐 것이고, 한국에서는 가족이나 교육 문제도 만만치 않을 듯하다.) 어떻게 확인할 수 있는가? 역사 속 살인자들을 직업별로 분류해보자. 정치인이 압도적인 1위를 차지할 것이 확실하다. 전쟁을 일으켜 적국의 인민들을 대량 학살 했거나 자국민에게 숙청이나 고문 같은 국가 폭력을 자행한 인물들을 떠올려보자. 알렉산더 대왕, 칭기즈 칸, 나폴레옹, 히틀러, 스탈린, 마오쩌둥, 김일성, 전두환…. 모두 정치인이다. 역사는 실패한 정치가 낳은 비극들로 가득 차 있다.

권력 남용의 극단적 행동인 쿠데타는 사회를 수렁에 빠뜨린다. 그런 점에서 일종의 재난이다. 비유가 아니다. 실제로 국민의 삶을 심각하게 훼손하기 때문이다. 예를 들어 1981년에 스

---

* 공자와 그 제자들이 길에서 울고 있는 여인에게 사연을 물어보니, 오래전 시아버지와 남편이 호랑이에게 물려 숨겼는데, 얼마 전엔 아이마저 희생되었다고 했다. 왜 옆 마을로 이사 가지 않느냐고 묻자 여인은 "그곳은 관리들이 세금을 많이 거둬 도저히 살 수가 없다. 호랑이가 있어도 여기서 살 수밖에 없다"고 말했다. 공자는 제자들에게 "가혹한 정치는 호랑이보다 무섭다는 것을 잊지 말라"고 가르쳤다.

페인에서 일어난 쿠데타는 다행히 18시간 만에 종료되었지만, 그 충격은 국민의 건강을 해친 것으로 밝혀졌다. 2021년 국제 보건정책 학술지 〈헬스 이코노믹스Health Economics〉에 실린 논문에 따르면, 쿠데타 당시 태중에 있다가 출생한 아기들의 평균 몸무게가 예년보다 9그램 줄었다. 특히 1975년까지 유지된 프랑코 정권 당시 민간인 학살이 일어난 지역에서는 체중이 그보다 4배나 더 적었다. 학력에도 영향이 있었는데, 쿠데타 직후에 태어난 아이들의 고등학교 졸업률이나 취업률이 그 전후에 비해 낮았다고 한다.[3]

정치적 상황과 건강의 상관관계는 다른 연구에서도 확인된다. 미국 외교협회가 의학저널 〈랜싯Lancet〉에 보고한 연구 결과에 따르면, 독재에서 민주주의로 전환한 국가들의 국민 기대수명이 10년 뒤 평균 3퍼센트 증가했다. 또한 심혈관 질환, 교통사고, 만성 질환 발생률이 감소하는 등 공공보건 수준이 향상됐다. 반대로 독재 체제에서는 스트레스와 우울감이 증가하며 음주, 흡연, 약물 중독 등이 늘어나 당뇨, 고혈압, 동맥경화 등의 발생 위험이 커진다.[4] 이렇게 볼 때, 쿠데타는 명백한 재난이다. 굳이 이름을 붙이자면 '정치적 재난'이다. 그런데 그것은 자연재해나 여타의 인재와 구별되는 몇 가지 특징을 갖는다.

정치적 재난의 파괴력

첫째, 정치적 재난은 우발적으로 일어나지 않고 누군가 고의로 일으킨다. 특정한 개인 또는 집단이 권력을 향한 야욕을 실현하기 위해 불법과 폭력을 저질러 세상을 어지럽힌다는 말이다. 분명한 의도와 목적을 가지고 사태를 일으켰기에 피해자인 대다수 국민은 엄청난 적개심과 분노 또는 공포에 사로잡히게 된다. 지난 내란 국면에서 많이 회자된 '내란성 불면증'이나 '내란성 우울증'처럼 후유증이 깊다.

둘째, 극복하기가 너무 어려운 재난이다. 자연재해나 대형 사고의 경우 피해가 크긴 하지만, 국가가 비상사태를 선포하고 대책을 마련한다. 그리고 피해자들의 치유와 피해 복구 작업에 많은 시민이 소매를 걷어붙이고 나선다. 특히 한국인은 위기를 맞으면 놀라운 응집력을 발휘한다. 하지만 내란의 경우, 맞서려면 너무 큰 희생을 각오해야 한다. 미얀마처럼 엄청난 대가를 치르고도 체제가 바뀌기는커녕 오히려 더 공고해지는 사례도 허다하다. 재난을 일으킨 장본인이 막강한 공권력으로 체제를 장악하고 있기 때문이다. 지난 12.3 내란에서처럼 시민들이 나서서 즉각 막아내고 6개월 만에 정국을 바로잡은 것은 세계사에 초유의 일로 기록된다.

셋째, 정치적 재난은 경제적 재난으로 이어지기 쉽다. 독재 정권이 들어서면서 경제가 추락한 예는 매우 많다. 12.3 쿠데타 이후에도 정치적 불확실성이 높아지면서 주가 하락과 환율 상승이 나타났고, 소비 심리 위축으로 내수 경기가 엉망이 되었다. 정치의 부전不全은 국민의 생존을 위협한다. 반대로 정치가 제 역할을 하면 경제적 위기나 자연재해가 닥쳐도 최악의 상황으로는 치닫지 않는다. 인도의 경제학자 아마르티아 센에 따르면, 독립된 민주국가에서 언론의 자유가 보장되면 절대로 대규모 기근이 발생하지 않는다. 민주 정부는 선거에서 표를 잃는 것을 두려워하기 때문에 국민 생존에 직결된 위기에는 적극적으로 대처할 수밖에 없다는 것이다.

넷째, 정치적 재난은 구성원들 사이의 신뢰에 균열을 일으킨다. 다른 재난의 경우 치유와 회복의 과정에서 시민들의 드넓은 유대가 형성되고 공동체 의식이 고양된다. 하지만 쿠데타가 일어나면 삼엄한 감시 체제가 발동하면서 자기 검열이 횡행하고 서로에 대해 마음의 문을 닫아버리기 일쑤다. 친위 쿠데타의 경우 성공하지 못해도 정치적 입장을 달리하는 국민 사이에 적대 감정이 증폭되는데, 12.3 내란 이후에 그런 상황이 벌어졌다. 윤석열과 극우 세력의 선동이 사람들을 결집시켜 급기야 서부지법 난동사태까지 벌어졌고, 헌재 판결이 나온 후에도 사회적 갈등의 여파가 이어졌다.

다섯째, 정치적 재난은 사회 시스템 자체를 붕괴시킬 수 있다. 그나마 쿠데타가 성공해 권력을 확실하게 장악하면 국민을 억압하고 통제하기는 해도 최소한의 체제와 질서는 유지된다.

하지만 권력 찬탈에 실패하면 또 다른 내란 세력들이 쿠데타를 시도하면서 걷잡을 수 없는 내전 상태에 빠질 수 있다. 아프리카와 중동, 중남미의 여러 국가가 그런 지경에서 오랫동안 벗어나지 못하고 있다. 경제가 파탄 나서 국민들이 극도의 빈곤에 빠질 뿐 아니라, 치안도 무너져서 범죄가 들끓게 되고 끝없는 분쟁으로 삶터가 완전히 파괴된다. 생존의 공포에서 벗어나기 위해 탈출하는 난민도 있지만, 고향으로 돌아가기가 매우 어렵다.

외상 후 성장

모든 재난이 끝없는 불행으로만 점철되는 것은 아니다. 리베카 솔닛은《이 폐허를 응시하라》에서 "그 자체로는 끔찍하지만 때로는 천국으로 들어가는 뒷문이 될 수 있다"고 말한다. 정치적 재난도 전화위복의 계기가 될 수 있다. 개인뿐 아니라 집단도 '외상 후 성장Post-Traumatic Growth'이 가능하기 때문이다. 트라우마 전문가 베셀 반 데어 콜크는 역사를 돌아보면 트라우마를 계기로 사회의 굵직한 진보가 이루어진 경우가 많았다고 말한다. 미국에서는 남북 전쟁 이후 노예제도가 폐지되었고, 대공황 이후 사회보장제도가 신설되었다. 제2차 세계대전을 끝낸 뒤 제정한 '제대군인원보호법'은 경제적으로 풍족한 중산

층 비율을 늘렸다.[5]

　민주주의는 인류가 도달한 최고의 정치 체제이지만, 한순간에 무너져버릴 수 있는 취약함을 숙명처럼 지니고 있다. 민주주의의 기본 원칙을 훼손하면서 공공선을 위협하는 세력은 곳곳에서 출몰한다. 하지만 깨어 있는 시민들은 그 절망의 시간을 견디면서 '다시 만난 세계Into the New World'를 향해 나아간다. 정치적 재난을 딛고 일어서면서 한결 단단한 생명체로 거듭난다. "우연을 필연으로 바꾸는 시민의 힘"[6]을 믿으면서.

시민, 데몬 헌터스

문명은 고도의 시스템을 구축하지만, 무질서의 난기류에 느닷없이 빨려 들기 일쑤다. 국가는 안정적인 질서를 추구하지만, 통제되지 않는 세력의 난동에 종종 습격당한다. 이른바 '란亂·乱'으로, 반역이나 외침外侵으로 정통 권력과 지배 질서가 무너진 상황을 가리킨다. 유교 정치사상에서는 '治(다스림)'를 '법'과 '예'가 제대로 시행되는 상태, '乱(어지러움)'을 그것이 붕괴한 상태로 대비했다. 중국과 한국의 역사를 돌아보면 '란'이 끊이지 않았다. 황건적의 난, 안사의 난, 황소의 난, 태평천국의 난(태평천국 운동), 이자겸의 난, 계유정난, 임진왜란, 정유재란, 병자호란, 홍경래의 난, 고부민란(동학란), 임오군란, 6.25동란(오래전에 한국전쟁을 이렇게 불렀다)….

내란은 '란'의 한 종류로서, 나라 안에서 어떤 집단이 폭력으로 통치권에 도전하는 행위다. 그것은 부패하고 무능한 권력자를 축출하려는 의거義擧일 수도 있고, 단순히 정권 찬탈을 노리는 반역일 수도 있다. 그 경계는 뚜렷하지 않아서, 흔히 하는 말로 '성공하면 혁명이요, 실패하면 반역'이 된다. 내란에 상응하는 영어 단어를 사전에서 찾아보면 'civil war(내전)' 'insurrection(폭동)' 'rebellion(반란)' 등이 나오는데, 부당한 방법으로 권력 획득을 기도하는 'coup d'état(쿠데타)'도 추가해야 할 것이다. 쿠데타는 군부대가 주도 또는 가담하기에 진압이 쉽지 않다. 더구나 집권 세력이 권력의 확대나 연장을 위해 벌이는 '친위 쿠데타self-coup'는 진압할 주체가 군대를 동원하는 것이기에 종식이 거의 불가능하다. 실제로 제2차 세계대전 이후 전 세계에서 벌어진 친위 쿠데타의 성공률은 93퍼센트에 달한다.

12.3 셀프 쿠데타를 막아낸 것은 기적에 가깝다. 시민들이 나서서(시민이 아니라면 다른 군부대가 대항하거나 외세가 개입해야 하는데, 이는 기대하기 어렵다) 폭력적인 방법을 전혀 사용하지 않고 평정했다는 것은 한국사는 물론 세계사에 길이 남을 위업이다. 그 기백과 용맹은 어디에서 왔을까?

국난 때마다 발휘되는 이상한 힘

역사를 되돌아보자. 나라가 위급할 때 백성들이 스스로 조직한 민병대는 조선 시대에 자주 등장했다. 임진왜란을 일으킨 도요토미 히데요시는 의병義兵의 반격을 전혀 고려하지 못했다. 일본에는 그런 군병력이 전혀 없었기 때문에* 대비는 커녕 예상조차 할 수 없었던 것이다. 도요토미의 지휘부가 의병을 계산에 넣지 못했듯이, 윤석열의 계엄 세력도 국회에 맨주먹으로 달려온 시민들을 놓치고 말았다. 그들이 역사를 제대로 공부하지 않았다는 것, 사악하지만 영리하지는 못했다는 것이 얼마나 다행인가.

임진왜란의 실패에서 교훈을 얻은 일본은 300년 뒤 다시 침략해 동학농민군과 독립투사들을 철저하게 짓밟았다. 하지만 의병의 기세는 좀처럼 꺾이지 않았다. 도쿠토미 소호라는 일본의 제국주의 언론인은 혀를 내두르며 토로한다. "조선의 의병이란 파리 떼와 같다. 아무리 잡아도 계속해서 붙는 파리 떼가 있는 곳에서 살 수는 없다." 군인 수와 군사력 수준에서 엄청난 격차가 있는데도, 의연하게 맞선 담대함을 어떻게 설명할 수 있을까? 일시적으로 솟구치는 혈기만으로는 그렇게 끈질기게

---

*　　　　민간 무장 조직이 없었던 것은 아니다. 하지만 한국의 의병이 외세 침략에 대한 민족적 저항이라는 명확한 목적을 가진 반면, 일본의 민간 무장 조직은 사회 불만이나 정치적 목적을 가진 경우가 많았다.

저항하기 어렵다. 민족 공동체를 깊이 자각하고 겨레와 자신을 일체로 받아들였기에 그들은 목숨을 기꺼이 바칠 수 있었다.

그 정신은 말하자면 드높은 종교적 깨달음의 경지에 이른 것으로 볼 수도 있으리라. 종교의 본질은 영성이다. 영성이란 무엇인가. 영성 연구가 필립 셸드레이크에 따르면, "영적인 삶의 방식은 우리가 결코 잡을 수 없는 전체성과 완전함을 향해 뻗어나간다".[7] 종교학자 성해영 교수는 "물질적 차원을 넘어선 '더 큰 무엇'의 일부라는 사실을 수용하는 태도"가 영성의 핵심이라고 말한다.[8] 철학과 신학을 공부하는 김상봉 교수는 영성이 "나와 전체가 하나라는 믿음"이고, 민주주의는 서로 다른 주체들의 차이와 타자성이 '보다 높은 하나'로 나아가는 영적인 과정이라고 말한다.[9] 이렇게 보면 영성은 제도화된 종교의 틀을 벗어나 여러 맥락에서 얼마든지 경험되고 공유될 수 있다. 역사의 고난에 동참하면서 인간다운 세상을 함께 꿈꾸었던 선조들의 발자취에서도 그것을 확인할 수 있다.

김상봉 교수에 따르면 한국의 역사에서 영성이 분명하게 드러난 것은 동학운동과 3.1 운동인데, 종교적 열정과 결합된 정치적 실천이라는 점에서 그렇다. 동학운동은 심오한 종교로 출발해 농민 전쟁으로 이어졌고, 그 정신사의 흐름에서 3.1 운동도 일어났다. 만세 시위는 주도 세력이나 배후가 없이 오직 '소문'에 의해 들불처럼 퍼져나갔고, 이는 민중들의 순전한 결의로 봉기한 것이다. 무자비한 탄압에 굴하지 않고 비폭력으로 독립을 외칠 수 있었던 용기의 뿌리는 무엇이었을까. 서로가 깊게 연결된 힘으로 눈앞의 고통에 당당하게 맞서는 모습에서 위대한 영성을 읽을 수 있지 않을까.

《상록수》의 작가 심훈은 감옥에서 그러한 체험을 한 듯하다. 그는 3.1 운동에 참여했다가 체포되어 구금된 적이 있는데, 어머니에게 보낸 편지에 다음과 같이 썼다.

> 생지옥에 있으면서 하나도 괴로워하는 사람이 없습니다. 누구의 눈초리에나 뉘우침과 슬픈 빛이 보이지 않고 도리어 그 눈들은 샛별과 같이 빛나고 있습니다그려! 더구나 노인네의 얼굴은 앞날을 점치는 선지자처럼 고행하는 도승처럼 그 표정조차 엄숙합니다. 날마다 이른 아침 전등불 꺼지는 것을 신호 삼아 몇천 명이 같은 시간에 마음을 모아서 정성껏 같은 발원으로 기도를 올릴 때면 극성맞은 간수도 칼자루 소리를 내지 못하며 감히 들여다보지 못하고 발꿈치를 돌립니다.[10]

영성이 깊고 넓어지면 죽음의 공포도 극복할 수 있음을 확인할 수 있는 '간증'이다. 심훈과 그 동지들은 자기들의 생애가 전부가 아님을 깨달으며 더 큰 세계로 존재를 확대할 수 있었던 듯하다. 그 거룩한 얼은 4.19 혁명과 광주항쟁을 거쳐 지난 시민 항쟁으로 전승되었다.* "일어나지 않으면 잃어 나라"(2025년 1월 5일, 한남동 관저 인근 집회 참가자의 팻말), "백날 지워봐라, 우리가 사라지나"(여성 시민의 광장 경험과 삶의 이야기를 기록한 책의 제목[11]) 같은 말에 그 혼이 깃들어 있다. 비상계엄 사태가 터졌던 그 밤 여의도로 달려가 싸우고 새벽까지 국회를 지켜주던 무명의 영웅unsung hero들은 거룩했다. 한남동 아스팔트 위에서 폭설을 무릅쓰고 밤을 지새운 '키세스' 시위대의 모습은 용맹정진하는 수도승과 다름없었다. 불의에 맞서 응원봉을 흔들며 춤추고 노래하는 몸짓에는 '데몬 헌트릭스'의 혼문魂紋이 아로새겨져 있었다. "나는 저항한다. 그러므로 우리는 존재한다"는 카뮈의 선언은 그렇게 실현되고 있었다.

잠시 어둡고 참혹한 수렁에 깊이 빠졌던 국가의 수레바퀴를 밀어 올리는 데 우리는 안간힘을 다했다. 위험한 리더로부터 공동체를 지키면서 역사의 한 페이지를 넘기는 데는 엄청난 공력이 들어간다. 소크라테스의 말대로 민주주의는 고상하지만 느릿느릿 움직이는 말馬과 같다. 평탄하게 이어지다가도 갑자기 싱크홀 같은 위험 구간이 나타나는 험난한 여정에서도 민주주의를 신봉하는 시민들은 스스로 길을 찾는다. 의로운 민

---

* 한국에서 극우가 대세를 점하기 어려운 이유를 이주희 교수는 이렇게 분석했다. "신자유주의의 성숙으로 파시즘 세력의 확산을 똑같이 경험하는 중이지만, 유럽이 아닌 미국에서만 극우가 정치의 중심에 설 수 있었던 이유는 유럽처럼 파시즘을 직접 겪지 않았기 때문이다. 한국은 유럽이 겪었던 잔인했던 국가 폭력의 과거를 공유한다. 극우 세력이 얼마나 준동하건, 계엄령이 넘쳐나던 참혹한 현대사를 딛고 그들이 다시 주류가 될 수는 없다."[12]

초들은 경이롭게 솟구치는 기운을 주고받으며 대동 세상의 개벽으로 행진한다. "어둠은 짙어오고 바람은 세차게 불어올 것이다. 불을 밝혀야 한다. 사람들이 모일 것이다. 사람들이 모이면 우리는 불을 들고 함께 어둠 속을 걸어갈 것이다"(영화 〈하얼빈〉에서).

Democracy and the Healing of Suffering:
Beyond Healing without Politics, Politics without Healing

2

극우

새로운 마음의 생태계가 조성되어야 한다.
오로지 '안티'밖에 없는 극우 세력의 입지를
줄이려면, 다른 세상에 대한 희망과 비전을
넓혀야 한다. 긍정적인 목표를 함께
이루고자 하는 소망으로 사회적 유대를
맺을 수 있도록 만남과 대화의 장을 꾸려야 한다.
다양한 생각과 감성과 지향이 허락되면서
포용적 공론장을 만들어가는 광장이 열려야
할 때다.

집단 망상의 메커니즘

한 사람이 미치면 광기고,
여럿이 미치면 법칙이 된다.

_니체

1980년대 말 어느 신문에서 본 만화가 생각난다. 격렬했던 1987년 6월 항쟁이 끝나고 민주화가 진행되는 상황이 배경이다. 어떤 남자가 성당에 찾아와 신부님에게 고해 성사를 한다.

신부: 무슨 죄를 지으셨습니까?

남자: 시위 주동 혐의로 경찰의 수배를 받은 어느 대학생을 저희 집 골방에 숨겨주었습니다.

신부: 그러시군요. 하지만 그것은 이제 죄가 되지 않습니다. 그 학생은 불의한 권력에 맞서 싸우고 있었고, 신도님은 민주화에 기여하신 셈이에요.

남자: 그런데요, 신부님. 제가 그 대가로 매일 만 원씩 받았습니다.

신부: 아, 그러셨어요? 하지만 그것도 큰 잘못은 아니지요. 신도님

도 발각되면 고초를 당할 수 있는 위험을 무릅쓰셨잖아요.

남자: 그런데요, 신부님. 6월 항쟁이 끝났고 수배도 해제되었다는 사실을 그 대학생에게 아직 말해주지 않았답니다.

에밀 쿠스트리차 감독의 영화 〈언더그라운드〉가 떠오른다. 유고슬라비아의 현대사를 풍자적으로 그린 블랙 코미디인데, 제2차 세계대전부터 1990년대 유고슬라비아 내전까지 반세기의 역사를 배경으로 거짓과 현실의 경계가 흐려지는 세계를 그려내고 있다. 절친인 블래키와 마르코는 나치가 침공하자 레지스탕스 활동에 돌입한다. 마르코는 블래키와 그의 가족, 그리고 일부 레지스탕스들을 지하 벙커에 숨겨주고, 이들에게 무기를 생산해 지상으로 공급하는 역할을 맡긴다. 드디어 전쟁이 끝난다. 하지만 마르코는 아직도 전쟁 중이라고 블래키를 속이면서 계속 무기를 공급받아 팔아먹는다.[*] 그 와중에 블래키의 애인과도 관계를 맺는다. 우여곡절 끝에 블래키는 벙커에서 올라와 달라진 세상과 애인의 배신을 확인한다. 거짓된 이데올로기, 역사 왜곡, 권력 부패를 풍자하는 이 영화에서 지하 벙커는

---

[*] 이와 비슷한 설정이 로맹 가리의 단편 〈어떤 휴머니스트〉(《새들은 페루에 가서 죽다》에 수록)에도 나온다. 장난감 공장을 운영하는 유대인 주인공은 나치의 탄압이 시작되자 재산을 몰수당하지 않기 위해 공장 명의를 독일인 하인 부부에게 잠시 넘겨주고 지하실에 은신한다. 하인 부부는 매일 요리와 포도주를 제공하는데, 전쟁이 끝났는데도 그 사실을 알리지 않고, 결국 주인공은 지하실에서 생을 마감한다.

허구 속에 갇힌 민중을 상징한다.

인간은 사고력이 뛰어난 동물이지만, 어이없는 망상에 쉽게 빠진다. 혼자서 야릇한 세계에 사로잡히기도 하고, 여럿이 함께 기이한 착각에 빠지는 경우도 많다. 똑똑한 개인들로 구성된 집단이 바보 같은 의사 결정을 내리는 일도 흔하다. 제2차 세계대전에서 패망한 독일과 일본의 군국주의 지도 체제를 분석해보면, 다른 목소리를 절대로 용납하지 않았다는 공통점이 드러난다. 잘못된 결정인 줄 알면서도 아무도 이의를 제기하지 못하다가 모두가 몰락과 파멸로 치달은 것이다.

자신의 진짜 생각은 무시하고 집단의 판단을 맹신하는 데는 외톨이가 되는 것에 대한 두려움이 깔려 있다. 다수의 견해에 동조하면 잘못될 리 없다는 생각에 사로잡히게 된다. 집단적 환상이 눈덩이처럼 불어나는 가운데 모두가 어떤 것을 현실이라고 정의하면, 결과적으로 그것이 현실이 되어버린다. 그 결과 조직이나 집단이 위험에 처하게 되고, 민주주의가 중대한 타격을 입기도 한다. 홀로코스트를 연구하는 역사학자 티머시 스나이더는 파시즘은 거짓말에서 시작된다고 말한다. "지도자가 선택한 적이 모든 국민의 적이어야 한다는 거짓말"이 매력적으로 받아들여질 때, 평화는 상상조차 할 수 없게 될 것이다.[1]

맹목적인 극단의 마음

사회심리학에서는 집단 망상이 생겨나기 쉬운 조건을 크게 네 가지로 설명한다. 첫째, 구성원들 사이의 호감도가 높아서 집단의 응집력이 강하다. 둘째, 외부로부터 들어오는 정보가 차단되어 있다. 셋째, 전제적인 지도자가 있다. 넷째, 강력한 라이벌이 되는 집단이 존재한다. 이러한 요인들이 맞물리면 전원의 의견을 일치시키려는 충동이 지배한다.[2] 신흥 종교나 정치적 당파에서 그런 현상이 자주 관찰된다. 집단 사고가 작동하면 개인은 힘을 잃는다. 사람들은 집단의 구성원이 되면서 이성적인 능력이 크게 감퇴하고 집단적 감정에 휩쓸리기 쉬워진다.

정치에서 심리 조작은 어떻게 이뤄지는가. 전체주의 체제는 지배 세력을 떠받쳐주는 이데올로기를 신성불가침의 진리로 선포하고 그 렌즈를 통해서만 세계를 보도록 강요한다. 여기에서 중요한 것은 반복이다. 거짓말도 계속 되풀이하면 진실이 된다는 말이 있다. 교육, 종교, 예술, 매스미디어 등을 동원해 가치와 규범을 끊임없이 주입하면 피지배층은 그 관점을 내면화하면서 현 체제를 정당한 것으로 받아들이게 된다. 이때 검열과 프로파간다는 매우 효과적인 수단이다. 국민이 접하는 언어와 정보의 범위를 철저히 제한해 폐쇄적 담론 체계를 구축하고, 외부 세계와의 소통을 차단함으로써 국민의 두

뇌를 통제한다.

민주주의 체제에서도 통제가 가능한데, 가장 일반적인 것이 미디어를 통한 여론 조작이다. 대중매체는 어젠다 세팅과 이슈 선정을 통해 사람들의 생각과 감정을 일정한 방향으로 몰아갈 수 있다. 그 결과 언론의 자유가 보장되어 있고 거의 모든 지식에 접근 가능한 사회에서도 무지몽매가 만연한다. 어느 시대보다도 환하고 밝은 세상이지만, 사리 분별이 어두워지고 진실에 맹목盲目이 되기 쉬운 환경이다. 학력이나 계층을 불문하고 누구나 허황된 세계관에 빠져들 수 있다. 정보의 홍수와 발언의 폭주가 오히려 현실을 제대로 볼 수 없게 만들어버린다. 인지 과부하가 걸리니까 흑백논리의 도식에 쉽게 현혹된다. 이것저것 복잡하게 생각하기 싫어서 권력자나 인플루언서를 추종하고 도그마를 신봉한다.

사람들이 황당무계하고 해괴망측한 이야기를 믿어버리는 까닭은 무엇인가? 진정으로 원하는 것이 없고 분노만 있기 때문이다. 정치철학자 레오 스트라우스에 따르면, 보편적 가치의 기반이 무너지면 니힐리즘이 그 공허함을 파고들며 파시즘의 유혹에 빠지게 된다.* 극우의 그러한 정체성 공백은 프로파간다와 긴밀하게 맞물려 있다. 아도르노에 따르면, 극우주의 운

---

*   그 관점에서 보면 광화문의 태극기와 성조기 물결은 '가치 공백을 신화적 종교성으로 덮고 힘과 집단적 열광으로 메우려는 니힐리즘적 증상'으로 해석된다고 한다.3

동에서는 프로파간다 그 자체가 정치의 실체를 이룬다. 그리고 신념이나 이데올로기는 객관적인 상황에 의해 더 이상 그 실체를 유지하지 못하게 될 때 비로소 악마적이고 파괴적인 성격을 띠게 된다.[4] 그래서 프로파간다는 대중을 설득하는 것이라기보다 분열과 불화와 혼란을 일으키는 것에 초점이 맞춰진다. 지난 내란 사태 이후 우리는 그 무서운 힘을 생생하게 경험해왔다.

한국의 보수와 극우

한국 사회에서 극우 세력은 느닷없이 출현한 것이 아니다. 우리 몸에서 암세포가 실제로 늘어나기 시작한 시점부터 발병까지 짧게는 몇 년에서 길게는 수십 년까지 걸린다고 한다. 그와 마찬가지로 극우 세력도 오래전부터 뿌려진 씨앗들이 암암리에 뿌리를 내리고 싹을 틔우며 증식해왔다.

원래 보수는 공동체의 가치를 존중하고 자유민주주의 체제와 법치를 지키는 데 존립 근거가 있다. 그런데 한국의 보수는 사적 이익을 위해 민족 공동체를 배반하고 쿠데타로 헌정 질서까지 몇 차례 무너뜨린 전력과 함께 극우적 성향을 띤다. 기득권을 지키기 위한 야합에는 정당에서 미디어에 이르는 여러 세력이 손을 잡았고 지역, 계층, 이념, 세대, 젠더, 종교 등 다양한 정체성이 활용되었다. 그러한 움직임의 저변에 무엇이 깔려 있을까. 신진욱 교수는 이렇게 말한다.

이대남, 개신교, 상층, 하층 등 특정 집단에 극우의 혐의를 두기보다는, 도처에 편재하는 폭력의 잠재성을 주시해야 한다. 진정으로 경계해야 할 것은 이러한 사회적 토양이 정치화되는 것이다. 대선 이후 사회의 관심이 보통 사람들의 극우적 사고 경향에 집중되었지만, 가장 강력한 위험은 사람들의 마음에 폭력성을 심거나 잠재된 폭력성을 증폭하고 결집하는 극우 조직과 집단, 운동, 미디어, 파워 엘리트들이다.[5]

극우는 동원에 탁월하다. 왕정 문화의 잔재에 편승하고 신민 의식에 젖어 있는 이들을 규합하면서 군중 몰이를 한다. "선동은 쉽고 민주주의는 어렵다."[6] 폭군은 감정을 부추기고, 고립되고 불안한 개인들이 쉽게 휩쓸린다. 그러다가 어느 임계치를 넘어서면서 파시즘 체제가 급발진한다. 한국에서 파시즘의 생존력은 끈질기다. 김누리 교수는 군부 세력에 의해 만들어진 전기 파시즘 사회의 문화가 한국 사회에 내면화되면서 후기 파시즘 사회가 잉태되었다고 진단한 바 있다. 부지불식중 엄청난 힘으로 자라났는데도 눈치채지 못하고 있었던 것이다. 쿠데타라는 뇌졸중 또는 심장마비에는 시민들의 순발력 있는 응급 처치로 잘 대응했지만, 그 원인이 되는 만성 질환 관리에는 소홀했다. 위기 대처 능력과 회복력은 뛰어나지만 민주주의의 토대가 여전히 부실하다. 완치는 없다. 언제든 재발할 수 있다. 이제 긴 안목으로 면역력을 회복하고 허약한 체질을 개선해가야 한다.

민주주의의 역사는 매우 짧다. 한국에서는 30년 남짓이다. 반면에 고대사회로부터 수천 년 동안 이어진 군주제와 귀족제 같은 앙시앵 레짐의 관성은 막강하다. 프랑스 대혁명에 담긴 사상이 그 나라에 뿌리내리는 데도 한 세기가 걸렸다. 12.3 내란 극복이 더딘 것은 당연하다. 중대한 고비는 잘 넘겼지만, 앞으로 위기는 언제든 또 닥칠 수 있다. 눈앞에 벌어지는 사태에 일희일비하지 않고 긴 호흡으로 현실에 대응해야 한다. 냉소주의와 두려움은 민주주의의 적敵이다. 인간에 대한 신뢰로 맞잡은 손들이 민주주의를 키워간다. "성공했다고 그것으로 끝은 아니다. 실패했다고 세상이 끝나는 것도 아니다. 중요한 것은 계속할 용기다"(윈스턴 처칠).

파시즘의 대중 심리

조지 오웰이 쓴 《1984》의 주인공 윈스턴은 매일 직장에서 동료들과 함께 '2분간 증오Two Minutes Hate' 영상을 시청한다. 커다란 텔레 스크린에 반체제 인물인 골드스타인의 얼굴이 나타나면, 처음엔 조용히 보던 사람들이 곧 증오와 분노에 사로잡힌다. 그리고 30초도 지나지 않아 여기저기에서 격렬한 분노의 고함이 터져 나오기 시작한다. 적대자에 대한 증오심과 전쟁 공포를 자극하는 영상에 사람들이 하나둘 폭발하듯 반응하는 것이다. 누군가는 얼굴을 붉힌 채 텔레 스크린을 향해 물건을 집어던지고, 누군가는 울부짖듯 "죽여라! 돼지들!"이라고 외치며 완전히 이성을 잃어간다. 주인공 윈스턴도 어느새 덩달아 소리치고 발을 구른다.

파시즘과 전체주의 선동의 심리 메커니즘을 탁월하게 묘사한 장면이다. 한 사람이 소리치기 시작하면 삽시간에 모두가 광분한 폭도로 변모하는 모습은 실제 역사 속 파시즘 군중 집회의 분위기를 그대로 담아내고 있다. 소설이 또 한 가지 흥미롭게 드러내는 것은 증오의 대상이 매우 즉흥적으로 선정되고 손쉽게 교체된다는 점이다. 방금 전까지 열렬하게 증오하던 대상이 순식간에 바뀌어도 군중은 알아채지 못한다. 이는 파시스트 지도자들이 체제 유지를 위한 방향으로 대중의 불안과 분노를 마음대로 돌려버리는 술수를 상징적으로 보여준다.

거대한 일체감

파시즘은 20세기 초 유럽에서 등장한 극우 정치 이념으로, 초국가주의ultranationalism와 권위주의적 요소를 결합한 체제이자 충동이자 이데올로기다.[*] 그것은 독재적 지도자, 중앙집권적 권위국가, 군국주의 및 폭력과 전쟁의 미화로 특징지어진다. 또한 반공주의와 반자유주의를 노골적으로 표방해 민주주의와 의회제 자체를 부정하고, 사회적 다원성 억압을 정당화했다. 그러한 파시즘에 인종주의가 가미된 것이 나치즘으로, 민족의 순수성을 지킨다는 명분으로 홀로코스트까지 저질렀다. 파시스트 운동은 대중의 뜨거운 지지를 이끌어냈고, 궁극적으로 개인보다는 국가·인종의 이익을 추구하는 전체주의 체제를 구축했다.

대중은 왜 폭압적인 권력을 환영했을까? 힘겹게 자유를 쟁취했고 '개인'을 탄생시킨 현대인이 전체주의에 기꺼이 복종한 까닭은 무엇인가? 이를 해명하려면, 당시의 사회 상황과 사람들의 마음을 들여다보아야 한다. 제1차 세계대전 후 유럽에는 엄청난 혼란과 불안이 만연했다. 그 핵심은 경제 불황과 사회주의 혁명의 위협이었다. 특히 독일은 패전과 천문학적 배상금으로 인해 모멸감과 좌절감에 빠져 있었다. 이때 히틀러가 등장해 선언했다. "너희는 버려진 존재가 아니다. 우리는 너희를 승인한다."

나치는 당시 독일 국민이 느끼던 고통을 유대인과 공산주의자 탓으로 돌리면서 광범위한 반향을 불러일으켰다. 국민들은 두려움과 분노를 강력한 지도자에 대한 열광과 군중 속 심리적 해방감으로 표출했다. 대중집회에서 수만 명이 일사불란

*   파시즘의 역사는 짧지만 그 스펙트럼은 사뭇 넓다. 그래서 명확하게 개념을 정의하기가 어렵지만, 이 주제에 관해 학문적 권위를 인정받는 연구자 가운데 한 명인 팩스턴의 견해가 설득력이 있어 보인다. 그는 《파시즘》이라는 책에서 이탈리아와 독일의 사례를 세밀하게 분석한 뒤 책의 말미에 조심스럽게 다음과 같이 그 개념을 정의한다. "공동체의 쇠퇴와 굴욕, 희생에 대한 강박적인 두려움과 이를 상쇄하는 일체감, 에너지, 순수성의 숭배를 두드러진 특징으로 하는 정치적 행동의 한 형태. 그 안에서 대중의 지지를 등에 업은 결연한 민족주의 과격과 정당이 전통적 엘리트층과 불편하지만 효과적인 협력 관계를 맺고 민주주의적 자유를 포기하며 윤리적 법적인 제약 없이 폭력을 행사하여 내부 정화와 외부적 팽창이라는 목표를 추구하는 정치적 행동의 한 형태."[7]

하게 경례하고 행진할 때, 개인들은 자신의 불안과 고립이 해소되고 거대한 집단의 일부가 되었다는 심리적 고양감을 맛보았다. 거기에서 경험되는 일체감이 왜 그토록 강력한 것인지에 대해 마티아스 데스멧은 다음과 같이 설명한다. "개인이 무엇을 생각하느냐는 중요하지 않다. 중요한 것은 사람들이 그것을 함께 생각한다는 것이다." 핵심은 '사회적 유대'다. 담론의 '정확성'이 아니다.[8]

고립감은 극단주의가 자라나는 비옥한 토양이다. 왜 그럴까? 근대 사회에 새롭게 등장한 '개인'은 신분의 굴레에서 해방되었지만, 이제 자신의 삶과 존재 방식을 스스로 책임져야 하는 상황이 되었다. 물질적으로는 풍요로워졌지만, 실존적 불안이 만연한다. 공동체가 사라져 각자도생의 경쟁은 치열해졌고, 실패와 좌절은 빈번하게 일어난다. 쓸모없는 잉여가 되어버렸다는 열패감과 수치심, 사회 어디에도 자신이 설 곳이 없다는 소외감과 고립감에 시달린다. 무력하고 왜소해지고 파편화된 사람들은 막강한 힘이나 집단의 일부가 되고 싶은 충동을 느낀다. 극단적인 이념 집단은 그 지점을 파고든다. 다시 말해 외로움은 현대인의 보편적인 정서가 되었고, 바로 이것이 급진적인 이데올로기와 극단적인 집단주의의 자양분이 되는 것이다.

외로움과 소외감에 밀접하게 맞물려 있는 감정은 분노와 상실감이다. 객관적으로 고통스러운 현실 못지않게 사람을 괴롭게 하는 것은 원래 지니고 있던 권력을 잃어버리는 '지위 격하

downgrading'라고 한다. 내전 현장을 치밀하게 연구해온 바버라 월터는 한 집단의 정치적 지위의 궤적이 폭력의 결정적인 요인이 될 때가 많다면서 이렇게 말한다. "21세기에 가장 위험한 파벌은 한때 지배적이었으나 쇠퇴에 직면한 집단이다." 사람들은 이득을 얻으려 하기보다 손실을 회피하거나 복구하려고 하기 때문이다. 특히 원래 자기 몫이라고 여겼던 지위의 상실이 열악한 생활 환경에 대한 분노보다 더 고통스럽다.[9]

가면 쓴 파시즘

21세기의 극우는 강한 민족주의와 배타적 세계관을 공유하며 사회 불만을 외부 집단이나 적대 세력에 대한 증오로 변형시키고 '스트롱맨' 숭배를 부추긴다는 점에서 20세기의 파시즘을 닮았다. 하지만 다른 점도 있다. 20세기 파시스트들이 민주주의를 부정하고 일당독재 체제를 구축해 공권력을 통한 폭력과 탄압을 정치의 주요 수단으로 삼았던 데 비해, 21세기의 극우는 표면적으로는 민주주의 절차를 수용하면서 선거 경쟁에 참여한다. 노골적인 폭력이나 쿠데타로 정권을 장악하지는 않는다. 적어도 명분으로는 과거의 파시즘과 선을 긋고 폭력적 전체주의보다는 포퓰리즘적 민족주의를 가동시킨다. 그런데 20세기의 파시스트들도 초기에 자신들을 노골적인 '파시스트'

로 칭하지 않았고, 국민감정에 영합하며 점진적으로 권력을 잡았다. 그 점을 놓치지 말아야 역사의 비극을 되풀이하지 않을 수 있다. 국가와 사회 사이의 아슬아슬한 균형을 분석하는 책 《좁은 회랑》에서 저자들은 말한다. "민주주의는 제도를 잘 설계해서가 아니라 끊임없는 사회적 투쟁에 의해 지킬 수 있는 것"이라고.

새로운 마음의 생태계가 조성되어야 한다. 오로지 '안티'밖에 없는—이것은 파시즘의 전형적인 특징이기도 하다. 자본주의든 사회주의든 기존의 모든 체제를 부정하고 국제협력, 전통주의, 보수주의도 거부하며 유대인을 무조건 배척하는 것이 그들의 추동력이었다—극우 세력의 입지를 줄이려면, 다른 세상에 대한 희망과 비전을 넓혀야 한다. 긍정적인 목표를 함께 이루고자 하는 소망으로 사회적 유대를 맺을 수 있도록 만남과 대화의 장을 꾸려야 한다. 다양한 생각과 감성과 지향이 허락되면서 포용적 공론장을 만들어가는 광장이 열려야 할 때다.

혐오는 어떻게 확산되는가

1980년대에 어느 은행에서 겪은 일이다. 아침에 문을 열자마자 들어가 대기표를 뽑았는데, 2번이었다. 그런데 나보다 한 발짝 먼저 들어온 어느 중년 여성이 1번이 찍힌 번호표를 내밀면서 내 것과 바꾸자고 제안했다. 급한 일이 있다면서 앞 번호로 바꿔줄 수 있느냐고 양해를 구할 수는 있어도, 자기가 뒤 번호를 갖겠다고 하는 것은 이상하지 않은가. 궁금해서 이유를 물으니 이런 답이 돌아왔다. 첫 손님이 여자면 기분 나쁘니 남자인 당신이 첫 손님이 되어달라. 말하자면 그분은 은행 직원을 배려한 것이었다. 성차별 의식을 그렇게 내면화하고 있는 여성들이 당시에는 적지 않았다.

안경 쓴 사람들이 아침에 택시를 잡는 데 어려움을 겪던 시절도 있었다. 일부 운전기사들이 재수가 없다면서 첫 승객으로 태우기를 꺼렸기 때문이다. 특정 부류의 사람들을 불길한 존재로 낙인찍고 거부하는 편견은 지금도 여러 형태로 나타난 다. 장애인 시설을 건립할 때 주민들의 '결사' 반대에 부딪히고, 임대아파트 입주민이 '휴거(휴먼시아 거지)'라고 비하되면서 그 곳 아이들이 학교나 동네에서 기피 대상이 되기도 한다. 이처 럼 특정 집단을 불결하다며 배척한 사례는 역사 속에서 숱하 게 발견된다. 예를 들어 제2차 세계대전 당시 미국 적십자사는 "흑인의 피를 백인에게 수혈하지 않겠다"고 선언한 바 있다.

사람들을 어떻게 분류하는가는 문화의 핵심 가운데 하나다. 그 의미의 질서 속에서 우리는 일상을 영위하고 타인과 관계 를 맺는다. 그것은 널리 공유되면서 당연시되고, 자신의 존재 가치와 정체성도 상당 부분 그 틀 속에서 발견되고 형성된다. 차별이 일어나는 것도 그러한 인지 체계를 통해서다. 젠더, 나 이, 국적, 피부색(인종), 종교, 신분, 혈통, 외모, 장애, 질병, 결 혼 여부, 섹슈얼리티, 출신 지역, 거주지, 직업, 계층, 학력… 이 렇게 수많은 기준으로 사람들을 범주화하고 그 속성과 의미를 부여하며 우열을 가른다.

훈련되고 양성되는 혐오

그런데 언제부터인가 차별을 넘어 혐오가 증식하고 있다. 이

둘은 밀접하지만 구분되는 개념이다. 차별은 특정 집단이나 개인을 불공정하게 대우하는 행위로, 주로 제도적·물질적 불이익을 초래한다. 반면 혐오는 특정 집단에 대한 부정적 감정과 적대감으로서, 적나라한 언어로 직설되는 경우가 많다. 사회적 폭력과 혐오의 문제에 천착해온 저널리스트 카롤린 엠케는 혐오와 증오가 "느닷없이 폭발하는 것이 아니라 훈련되고 양성된다"고 주장한다. 무턱대고 거친 감정을 분출하는 것이 아니라 "이데올로기에 따라 집단적으로 형성된 감정"이라는 것이다.[10]

혐오 문화에서 한 가지 중요한 특징은 유머의 형식을 종종 취한다는 점이다. 요즘 일부 중학생들은 노무현 전 대통령 등을 조롱하는 밈을 놀이하듯 퍼뜨리며 킥킥댄다고 한다. 노무현재단 황희두 이사에 따르면, 그 배후에는 유행을 조장하는 세력이 있고 그런 현상은 꽤 오래되었다. 문제는 그렇게 시작한 장난이 반복되다 보면 예기치 않게 심각한 상태에 도달하게 된다는 데 있다. 처음에는 별생각 없이 동조하다가 어느새 자신의 확고한 생각으로 굳어지고 급기야 폭력적 행동에 가담하기에 이른다는 것이다. 이를 가리켜 '역설적 독화irony poisoning'라고 한다. 사소한 실수나 발견 또는 농담으로 위장해서 사람들을 의도적으로 선동하고 증오를 부추기는 극우의 행동을 말한다.[11]

한국에서 혐오가 뚜렷한 사회 현상으로 나타난 것은 2010년 대였다(미국과 유럽 등도 마찬가지다). 스마트폰 보급과 SNS 사용이 급속히 확산하는 가운데 '김치녀' '맘충' '한남충' 등의 모욕적 신조어가 일상어처럼 떠돌며 특정 집단에 대한 멸시를 드러냈는데, 온라인 커뮤니티가 결정적인 증폭기가 되었다. 그 배경에는 청년 실업과 양극화 속에서 '헬조선' 담론으로 집약되는 경제적 불안과 상대적 박탈감이 자리 잡고 있었다. 일베 등에 집결하는 젊은 남성들은 자신의 좌절을 여성이나 외부 집단 탓으로 돌리는 경향을 보였다. 온라인 남성 커뮤니티의 밈과 공격적 언어가 여성 혐오를 부추기자, 이에 메갈리아와 워마드 중심의 급진적 페미니즘 담론이 맞서며 '여혐 vs. 남혐'의 구도로 갈등이 격화되었다.

혐오의 또 다른 흐름이 있다. 성소수자의 존재가 가시화되면서 노골적인 반反동성애 담론이 힘을 얻었다. 특히 보수 개신교 세력이 큰 영향을 미쳤다. 교회가 동성애를 뜬금없이 적대시하기 시작한 까닭은 무엇일까? 교세 위축에 대한 위기의식이 가장 큰 요인으로 작용했다고 분석된다. 물질적 축복과 반공 이념을 구심력으로 확장해온 한국의 개신교는 2000년대에 접어들어 쇠퇴하기 시작했는데, 마땅한 돌파구가 보이지 않았다. 경제는 저성장 국면으로 접어들었고, 반공 이데올로기는 위력을 잃어가고 있었다. 신자들을 결집할 수 있는 새로운 악마가 필요한 상황에서 포착된 것이 동성애다. 타인을 도덕적으로 비난하면서 자신의 순결함과 의로움을 확인하는 '정죄 신앙'의 유혹에 굴복한 셈이다.

그 바탕에는 신약이 폐기한 율법주의가 깔려 있다. 구약의

율법은 이스라엘이 출애굽 과정에서 공동체를 지키기 위해 만들어진 것으로, 가나안에 들어온 이후에는 고수할 필요가 없어졌다. 그럼에도 바리새인들은 계속 집착했고, 예수는 그런 행태를 강하게 비판했다. 그런데 보수 개신교는 예수가 아니라 바리새인을 본받아 특정한 행위나 집단을 사탄으로 규정하고 스스로를 거룩한 집단으로 구별하려고 한다. 그렇다고 세리나 매춘여성을 그토록 경멸한 바리새인처럼 돈에 대한 탐욕이나 성적인 불순함을 정죄하지는 못한다. 왜 그럴까? 그렇게 하면 교회에 오지 못할 사람들이 너무 많아지고 교세 확장에 어려움이 생기기 때문이다. 그래서 간신히 찾아낸 마지노선이 동성애다.*

동성애 반대에는 극우 정치권도 가세했는데, 이는 한국 정치사에서 새로운 현상이었다. 예를 들어 1997년 대통령선거에 나선 후보들(김대중, 이회창, 이인제, 권영길)은 동성애를 반대하지 않았고, 국민의힘의 전신인 신한국당의 이회창 후보조차 "동성애자들의 사생활도 인정받고 인권도 보장돼야 한다는 데는 공

---

* 성서에 동성애를 금지하는 구절이 있기는 하다. 하지만 기독교가 성서(특히 구약)의 가르침을 모두 따르는 것은 아니다. 종교 연구자 심형준은 〈동성애는 죄?' 왜 '남에게 돌을 던질 때'만 경전을 글자 그대로 볼까?〉(인터넷에서 검색하면 볼 수 있다)라는 글에서 그 점을 정확하게 밝히고 있다. 예를 들어 노예제도 허용, 안식일에 노동하는 자를 처벌하는 것, 혼방직 의복 착용 금지, 돼지고기 금지, 고리대금업 금지 등은 완전히 무시한다. 반면에 동성애 금지, 여성의 교회 내 권한 제한, 십일조 등은 강조한다.

감이 가는 점도 있다'라고 말했다. 그런데 2010년대에 접어들어 보수 개신교계가 국회에 로비해 차별금지법 제정을 막고 퀴어 행사를 극렬하게 반대하면서 공론장에서 혐오 정서를 퍼뜨려간 결과, 동성애 반대는 보수정당의 핵심 이념 가운데 하나로 자리 잡았다. 이는 미국의 복음주의 우파가 반동성애 의제를 공화당 안에 장착시킨 것과 비슷하다.

혐오가 정치에 활용되는 순간

혐오 정서는 전방위적으로 출렁인다. 인터넷 커뮤니티, 언론, 인터넷, 종교, 광장, 정치권 등 여러 영역에서 선동되고 있고 그 대상도 북한, 여성, 페미니즘, 동성애, 장애인, 노조, 민주당, 전라도, 이슬람(대구에서 벌어진 이슬람 사원 반대), 중국 등 스펙트럼이 매우 넓다. 대상보다 중요한 것은 함께 증오하고 있다는 데서 오는 일체감일 것이다. 그리고 극우 포퓰리즘 세력은 그 에너지를 증폭시켜 정치적으로 이용하려 한다. 영문학자 김종갑 교수는 혐오 감정은 비민주적이라고 본다. 권력의 위계 서열이 없다면 하대하고 무시하는 마음이 발생하지 않기 때문이다. 소수의 타자 혐오는 쾌락으로 이어지고, 이는 이 불평등 관계를 유지하려는 욕망으로 번진다. 한편 혐오의 가장 큰 위험은 대상을 생각조차 하기 싫어하게 만든다는 사실이다. "언어가 끝나는 막다른 골목에서 혐오가 시작되는 것이다."[12]

부정적 감정은 성숙하게 표현하면 해소될 수 있다. 하지만 대개는 건강하지 않은 방식으로 쏟아낸다. 그러면 해소는커녕 오히려 강렬해지기 일쑤다. 화를 내면 낼수록 화가 더 커지는 것을 종종 경험하지 않는가. 혐오도 마찬가지다. 대중의 불안과 분노를 연료로 끓어오르는 혐오 감정은 발언hate speech을 통해 점점 더 확고해진다. 집단적으로 응집하면서 대상을 비인간화하는 데 주저하지 않게 된다. 홀로코스트 같은 참극도 얼핏 사소해 보이는 언행들에서 시작되었다. 시민사회가 공포감에 위축되지 않고 대항 발언counter-speech으로 힘을 모아야 하는 이유가 거기에 있다. 민주주의가 직면한 도전에 맞서 모두가 존엄한 삶을 누리는 포용 사회로 가는 길은 험난하다. 하지만 분명히 열려 있다.

태극기는 무엇인가

영화 〈국제시장〉에는 덕수(황정민 분)와 영자(김윤진 분)가 부부 싸움을 하다가 국기에 대한 경례를 하는 장면이 나온다. 1971년부터 1989년까지 18시가 되면 어김없이 애국가가 울리고 실내든 실외든 어디에서나 멈춰 서서 국기를 향해 경례해야 했다. 심지어 운전 중일 때도 정차하고 차내에서 차렷 자세를 취했다. 영화관에서도 상영 전에 애국가가 나오면 관객들은 일동 기립해야 했는데, 이를 거부하고 앉아서 담배를 피우다가 경찰에 연행된 남자도 있었다. 황지우 시인은 〈새들도 세상을 뜨는구나〉라는 시에서 그 시절 영화 관람객의 처연한 신세를 묘사했다.

전 국민이 참여하는 국기 하강식은 군사정권과 함께 끝났지만, 공공 기관이 주관하는 행사에서 국민의례는 여전히 필수

코스로 남아 있다. 심포지엄이나 강연회에서 국민의례를 하는 나라는 거의 없다. 공식적인 국가 행사가 아니면 이제 생략하면 좋겠다. 이런 의견에 동의할 공무원이 적지 않으리라 짐작한다. 하지만 감히 실행하거나 주장하지 못한다. '반국가적인' 세력으로 낙인찍히면서 공격받을 수 있기 때문이다. 보수 세력에게 태극기에 대한 '충성'은 불순한 사상에 물들지 않았다는 보증처럼 여겨지는 듯하다. 어느 나라에서든 애국은 우파의 핵심적 가치 가운데 하나다. 한국에서 태극기는 극우 집회의 아이콘이다.

태극기의 파란만장한 역사

여기에서 한 가지 단순하고 기본적인 질문을 던져본다. 태극기는 무엇을 상징하는가? 한국인은 그것을 보면서 무엇을 떠올리는가? 이것은 간단치 않은 문제다. 태극기에는 지금 한국 사회에서 벌어지는 중요한 정치적 갈등과 이념의 충돌이 함축되어 있다. 다른 어느 나라도 거의 경험하지 않은 상황, 역사적으로 매우 특이한 난맥상이 내장되어 있는 것이다. 한강 작가의 《소년이 온다》에는 국가 폭력의 현장에서 태극기가 사용되는 방식에 질문하는 대목이 나온다. 국가가 국민을 학살했는데 그 추도식에서 어떻게 애국가를 부르고 국기로 시신을 감쌀 수 있느냐고.[*] 이 상황을 설명하려면 그 복잡한 코드를 독해해야 한다.

우선 태극기가 만들어져서 사용된 역사를 살펴보자. 지금 전세계에는 약 200개의 나라가 있는데, 그 가운데 유엔 회원국인 주권 국가 193개국이 국기를 사용하고 있다. 국기가 만들어진 시기가 다르다. 위키피디아에서 정리한 자료에 따르면 크게 다섯 시기이고, 각 시기에 해당하는 국가들의 분포는 아래와 같다.

시기 구분	국가 분포	비중
18세기 이전	주로 유럽 왕족국가 (영국, 네덜란드, 스페인 등)	약 5%
19세기	제국주의·근대 국가의 국기 채택 활발	약 8%
20세기 초중반	독립·전쟁·정권교체의 영향을 반영	약 37%
20세기 후반	냉전 시대 및 탈식민지 국가의 국기 채택	16%
2000년대 이후	일부 신생국, 기존 국가의 디자인 변경	약 5%

위 분류에서 태극기는 어디에 해당할까? 태극기는 1882년 조미수호통상조약에서 최초로 사용되었고, 이듬해에 대한제

---

[*] 원문은 이렇다. "그 과정에서 네가 이해할 수 없었던 한 가지 일은, 입관을 마친 뒤 약식으로 치르는 짧은 추도식에서 유족들이 애국가를 부른다는 것이었다. 관 위에 태극기를 반듯이 펴고 친친 끈으로 묶어놓는 것도 이상했다. 군인들이 죽인 사람들에게 왜 애국가를 불러주는 걸까. 왜 태극기로 관을 감싸는 걸까. 마치 나라가 그들을 죽인 게 아니라는 듯이." [13]

국의 정식 국기로 제안되어 고종에 의해 공포되었다. 그러니까 제정된 시기를 기준으로 하면 상위 13퍼센트 안에 들어가는 것으로, 꽤 일찍 만들어진 편이라고 할 수 있다. 이 범주에 들어오는 국기들은 근대 국가가 건국되거나 왕조에서 공화국으로 체제가 전환되는 과정에서 제작된 것이다.

그런데 이후에 우여곡절이 이어진다. 1910년 국권을 빼앗은 일제는 태극기 사용을 금지했다. 그러지 않아도 1893년 태극기가 제정된 이후 20년 가까이 일반인은 그것을 접하기 어려웠는데, 식민지가 된 이후에는 아예 자취를 감추다시피 했다. 3.1 운동이 시작될 무렵에도 태극기는 친숙한 상징이 아니었다. 그래서 시위에 참가한 군중은 처음 며칠 동안은 붉은 수건을 흔들거나 머리에 두르거나 완장처럼 팔에 감고 행진했다. 또는 모자를 벗어 던지며 구호를 외치기도 했다. 그러다가 일주일쯤 지나서 태극기가 등장해 순식간에 전국으로 퍼져나갔다. 그리고 같은 해 4월 대한민국 임시정부가 수립되면서 태극기는 명실상부한 국기로서 자리 잡아 광복 이전까지 한국 독립운동의 상징으로 기능했다.

정리하자면 대한제국이라는 입헌군주제의 상징으로 만들어진 태극기는 식민지 시기에 숨어 있다가 3.1 운동을 통해 민주공화국의 상징으로 거듭난 셈이다. 대한민국의 탄생 경로는 세계사적으로 매우 특이하다고 할 수 있다. 20세기의 신생 독립 국가들은 대부분 식민지배에서 해방된 이후에 민족 국가nation state

를 수립했다. 그 이전에는 여러 민족집단ethnic group으로 살아오다가 제국에 의해 강제로 통합되어 식민지로 만들어졌다. 그에 비해 우리는 오래전부터 고도의 중앙집권 국가를 이루고 있다가 통째로 식민화되었고, 식민지 시기에 민족 국가의 주체성을 자각해 임시정부를 세우고 독립운동을 벌이다가 해방을 맞이했다. 우리는 이런 과정을 당연하게 여기지만, 세계사적으로 볼 때 매우 이례적이다.

외국에 임시정부의 사례가 전혀 없는 것은 아니다. 국어 교과서에 실렸던 김광균의 시 〈추일서정〉 중 "낙엽落葉은 폴란드 망명 정부의 지폐"라는 구절이 떠오른다. 1939년 나치 독일과 소련의 침공으로 폴란드가 분할 점령 되자, 폴란드 정부는 영국으로 옮겨 가 망명 정부를 수립했다. 비슷한 시기에 프랑스도 나치 독일에 점령된 후 비시 정부가 수립되자, 샤를 드골 장군이 영국에서 자유 프랑스 임시정부를 수립했다. 그런데 그런 나라들은 점령당하기 전에 이미 공화국을 이루고 있었고, 식민지배가 아닌 4~5년의 점령일 뿐이었다. 이와 달리 대한민국 임시정부는 식민지 상태에서 공화정과 민주주의의 원칙에 입각한 임시정부를 수립했고, 그 정치적 정통성이 현재 헌법 정신에 명시되어 있다. 그리고 태극기는 임시정부의 국기로 자리 잡으면서 독립을 염원하는 상징이 되었다.

문제는 해방 이후의 역사다. 1945년 광복과 함께 태극기는 국기로서의 기능을 회복했고, 대한민국 제1공화국 정부가 수립되면서 공식적인 위상을 갖게 되었다. 북한에서도 광복 후 1948년 7월까지 태극기를 공식적으로 사용했지만,[*] 태극기의 문양이 미신적이라 유물론적 관점에 어긋난다면서 '인공기人共旗'를 새로 제정했다. 또한 태극기는 남한의 상징으로 쓰인다는 이유로 사용이 금지되었고, 자동적으로 태극기는 남한만의 국기가 되었다. 말하자면 식민 통치에도 살아남았을 뿐 아니라 새로운 시대의 표상으로 업그레이드된 태극기가 분단으로 인해 이념과 체제의 굴레에 갇혀버린 셈이다.

태극기와 태극기 부대

이제 태극기 안에 담겨 있는 코드를 분해해보자. 태극기는 3.1 운동과 임시정부 수립을 거치면서 새롭게 형성된 민족 정체성의 그릇이었다. 따라서 거기에는 '반일(또는 항일)'이라는 정서가 담길 수밖에 없다. 그런데 1948년 수립된 이승만 정부는 대통령이 독립운동가였음에도 친일파들과 손잡았고 반민특위도 무력을 동원해 해산시켰다. 미국이 남한을 동북아의 공

[*] 염상섭의 〈해방의 아들〉이라는 단편 소설에는 해방 직후 북한 주민들이 태극기를 얼마나 소중하게 여겼는지가 생생하게 묘사된다. 새로운 세상을 염원하면서 태극기를 소련의 국기와 함께 문밖에 게양하는 장면도 나오는데, 근래 태극기 집회에서 성조기가 흩날리는 것을 연상시킨다.

산화를 저지하는 보루로 삼으면서 일제 강점기의 경찰이나 관료들을 필요로 했기 때문이다. 이제 중요한 것은 민족이 아니라 이데올로기가 되었고, '반공'이 한국 우파의 정체성으로 자리 잡았다. 다른 나라들의 경우 우파의 존립 근거는 민족이다. 반면에 한국의 우파에게 민족은 불편하게 느껴지는 부분이 있다. 그 정체성은 북한과 공유되기 때문이다.

아주 거칠게 말하자면, 한국의 보수 세력은 태극기에 담겨 있던 '반일'의 색채를 '반공'으로 대체하려 해왔다. 12.3 계엄의 명분으로 '반국가 세력'의 척결을 내세웠는데, 만일 '반민족 세력'이라고 했다면? 전혀 다른 메시지가 되었을 것이다. '국가'와 '민족' 모두 'nation'의 번역어지만, 우리에게는 사뭇 다른 뉘앙스로 다가온다.[*] 언제부터인가 반국가 세력과 반민족 세력은 전혀 다를 뿐 아니라, 아예 정반대에 있는 집단처럼 여겨졌다.

물론 보수 정권도 명분으로는 민족의식을 내세웠고 3.1절이

---

* 우리가 사용하는 거의 모든 한자어가 그러하듯이, 이 두 단어도 모두 일본의 메이지 시대에 만들어졌다. 두 단어의 뉘앙스는 사뭇 다르고, 사전 풀이도 차이가 있다. 국가는 '일정한 영토를 보유하며, 거기 사는 사람들로 구성되고, 주권을 가진 집단'이고, 민족은 '일정한 지역에서 오랜 세월 동안 공동생활을 하면서 언어와 문화상의 공통성에 기초해 역사적으로 형성된 사회 집단'이다. 그러니까 국가는 공식적인 정치 체제를 가리키는 반면 민족은 혈연이나 문화적 공동체를 뜻한다. 민족에 대응하는 영어 단어들은 'nation' 이외에도 'people' 'ethnicity' 'folk' 'tribe' 등이 있다. 민족이라는 기표記表는 역사적 배경과 사회적 상황에 따라 상응하는 기의記意의 스펙트럼이 넓다.

나 광복절을 중요한 기념일로 지키면서 민족의식을 상기시키는 이벤트도 벌였다. 이명박 전 대통령은 2012년 전격적으로 독도를 방문해 한일관계에 긴장을 불러왔다. 박근혜 전 대통령은 2015년 중국의 전승절 기념식에 참석해 보수 일각의 반발을 불러일으키기까지 했다. 그러다가 윤석열 정부가 한·미·일 삼각 동맹을 절대화하면서 '반공'을 다시 전면에 내세웠고, 뉴라이트 세력과 보조를 맞추면서 친일 행보를 했다. 그 시기에 힘을 키운 극우 세력은 마침내 중국까지 적대시한다. 중국을 혐오하는 것은 다른 민족이라서가 아니라 공산국가이기 때문이다.

태극기 집회에 성조기가 등장하는 현상을 이러한 맥락에서 풀이할 수 있을 듯하다. 그들은 태극기에 담긴 '반일'의 코드를 '반공'으로 덮어씌우려 한다. 그들이 2025년 3월 1일, 3.1 운동 기념행사를 압도하는 규모의 탄핵 반대 집회를 전국 곳곳에서 집행한 배경에도 그런 의도가 깔려 있었다고 본다. 그 집회에서도 어김없이 성조기가 태극기와 함께 펄럭였다. 성조기는 태극기에 담긴 3.1 정신과 민족의 기의를 소거하는 기표로 작동한다. '자유 진영'에 소속되어 공산주의에 반대하는 아이콘으로 활용되는 것이다. 식민지 권력과 미군정의 사생아로 탄생한 한국의 극우는 미국을 영적 수호자처럼 떠받들면서 민족 정체성을 애써 축소하고 낡은 냉전 논리를 확대하려 한다. 20세기 한국사의 음울한 잔재다.

태극기는 '태극기 부대'의 전유물이 아니다. 이른바 진보 진영의 집회에서도 태극기가 등장한다. 최근에는 한쪽 모서리가 불에 탄 진관사 태극기*를 배지로 공유한다. 거기에 담긴 코드는 '반일'이나 '반공'이 아니다. 1919년 임시정부가 지향한 '민주공화국'이다. 임시정부 수립의 바탕이 된 3.1 정신이다. 선언문에서는 독립의 의의를 이렇게 밝히고 있다. "인류가 가진 양심의 발로에 뿌리박은 세계 개조의 큰 기회와 시운에 맞추어 함께 나아가기 위하여 이 문제를 내세워 일으킴이니, 이는 하늘의 지시이며 시대의 큰 추세이며, 전 인류 공동 생존권의 정당한 발동이기에, 천하의 어떤 힘이라도 이를 막고 억누르지 못할 것이다." '인류가 가진 양심'은 역사의 결정적 장면들에서 의연히 발로되었고, 광주민주화운동은 또 하나의 독립 선언이었다. 그 희생자들의 시신을 감싼 태극기는 특정한 정권이나 이념을 넘어선 인간 존엄의 표상이었다.

---

*   2009년 서울시 은평구 진관사의 부속 건물인 칠성각을 해체·복원하던 중 내부 불단 안쪽 벽체에서 발견된 태극기로, 3.1 만세운동이 일어나고 대한민국 임시정부가 수립된 1919년 즈음 제작된 것으로 추정된다. 일장기 위에 태극과 4괘의 형상을 먹으로 덧칠해 항일抗日 의지를 극대화한 점이 특징이다.

광장

─────

일상에서 우리는 끊임없이 평가되고 비교되고
서열화되지만, 광장에서는 갑을관계나
인정 투쟁에서 벗어나 온전한 나로서 타인들과
유대를 맺게 된다. 그러한 해방감과 소속감이
광장의 매력이다. 누구도 나를 알아주지 않을 수
있다. 하지만 단지 참석했다는 것만으로
뿌듯함을 느낀다. 집회가 끝나고 일상으로
돌아가도 그곳에서 익힌 '타인에 대한 감각'은
어느 정도 살아 움직일 수 있다

─────────────────────────

권력의 과시, 시민의 탄생

　강사로 초대받은 강연회에서 진행자가 나를 '거리의 인문학자'라고 소개하는 경우가 종종 있다. 물론 내게만 붙는 수식어는 아니다. 아카데미의 울타리 안에 갇혀 있지 않고 대중과 소통하며 연구하는 학자들을 흔히 그렇게 비유한다. 인문학의 실천과 사회 참여가 부각되는 호칭이다. 그러니까 여기에서 '거리'는 다양한 사람들이 어우러지면서 생생한 삶이 펼쳐지는 현장을 상징한다. 나의 학문적 지향을 함축하는 표현이기에 고맙게 받아들이면서 더욱 충실하게 배움에 정진해야겠다고 다짐하게 된다.

　그런데 '거리의'라는 수식어가 붙는 다른 표현들이 있다. 예를 들어 '거리의 여자들'이다. 누구를 가리키는가? 사회적으로 소외되어 있거나, 성매매에 종사하는 여성들이 떠오른다. 거기에는 낙인의 뉘앙스가 섞여 있고, 여성에 대한 비하적 시선이 담겨 있다. '거리의 아이들'은 어떤가. 가정이나 보호자의 보살핌을 받지 못하고 길거리에서 생활하는 노숙 아동, 가출 청소년 등을 연상시킨다. 이 두 경우에서 '거리'의 의미를 짚어보자. 사회적 관심과 보호의 사각지대에 방치된 위험한 공간, 공식적 사회 제도나 가족, 직장 등 안정된 울타리에서 벗어난 삶을 함축한다.

'거리의 인문학자'와 '거리의 여자들' 및 '거리의 아이들' 사이의 간격은 매우 크다. 전자가 누구에게나 열려 있는 토론과 만남의 장소이자 사유가 일어나는 공간이라면, 후자는 무법과 방임과 소외로 점철되고 실패와 위험이 가득한 사회적 주변부를 뜻한다. 그 상반된 모습이 모두 거리의 속성이고, 양극 사이에 다양한 사회적 삶과 존재 가능성이 폭넓은 스펙트럼으로 드러난다. 거리는 형형색색의 군중이 이뤄내는 파노라마다. 그래서 거리에 서서 또는 지나가면서 사람들을 구경하는 것만으로도 즐거운 소일거리가 된다. 이따금 우연히 벌어지는 해프닝이 있고, 버스킹처럼 작정하고 판을 벌이는 예술 공연도 마주칠 수 있다. 개방적인 공간에 익명의 군중이 오가거나 머물면서 의외의 드라마들이 펼쳐지는 것이다.

만남의 장

인류의 역사에서 거리가 활발한 사회적 공간으로 기능한지는 꽤 오래되었는데, 전통사회의 시장이 전형적인 사례다. 한국의 옛 장터를 보면 경제적 교환을 넘어 사람들의 네트워킹과 문화의 창발이 이뤄지는 현장이었고, 지금도 그 흔적이 남아 있다. 거리가 선형적 공간이라면, 면적을 차지하는 공간으로 광장을 꼽을 수 있다. 조선 한양의 광화문 앞 육조거리나 일본의 신사 앞 넓은 공간처럼 의례적·상징적 광장이 그 예다. 20세기에 접어들어 서양을 모델로 한 도시 계획이 진행되면서 중국의 천안문 광장처럼 현대적인 디자인도 출현했다.

광장은 서양의 도시에서 오래전부터 다채롭게 조성되었다. 민주주의의 역사에서 공론장의 원형으로 늘 거론되는 그리스·로마 시대의 아고라agora나 포럼forum을 보자. 이 공간은 고대 도시의 공적 생활 중심지로서, 경제 활동이 벌어지는 시장이 들어서거나 시민들의 토론과 연설 집회 등의 정치 행위, 종교 행사 및 사법 활동, 군사 행진 등이 이루어졌다. 이는 오늘날 서양 도시에서 볼 수 있는 광장(public square)들과 역사적으로 깊은 연관이 있다. 이들은 시대를 거치며 기능과 형태가 변화했지만, 도시 공간 속에서 사람들이 모이고 소통하는 중심 역할을 계승해왔다. 유럽을 관광할 때 필수 코스로 손꼽히는 광장들에서 우리는 묵직한 시간의 무늬를 발견하게 된다. 이탈리아의 건축가 만쿠조는 유럽 문화에서 광장의 의미를 다음과 같이 풀이한다.

> 유럽의 정체성은 극히 복잡하지만 그 근원에는 광장이 대중에 의해 정의되는 유일한 물리적 공간이라는 개념이 자리한다. 그곳은 통행, 회합, 교환, 상호 인식, 권력의 과시, 반란의 장소이다. 광장에서 공개 처형이 이루어졌고 문화와 종교의 고상한 사건들도 이곳에서 일어났다. 광장은 사회적으로 화합하는 열린 공간이기도 하다. (…) 광장은 통치자의 군림과 통치자가 표상하는 질서를 가시적으로 보여주는 기호이다. 광장은 그 안에서나 광장 자체로 권력을 발산하는 장소이며, 통치자의 권력을 증명하는 훌륭한 무대가 되고, 의식이 행해지는 동안 사회적 유대를 강화하는 기회가 된다.[1]

도시 정치의 중심 무대로 자리 잡아온 광장은 근대 이후 정치적 저항과 대중 운동의 중심지가 되었다. 부당한 통치자에 맞서 공의를 실현하고자 하는 시민들이 모여서 규탄의 함성을 뿜어낸 곳이 광장이었다. 황제와 교회의 권력을 전시하는 공간이었다가 민중의 정치적 활동 공간이 된 광장의 운명을 임우진 건축가는 "광장을 둘러싼 진짜 역사의 아이러니"라고 부른다. 고개가 끄덕여지는 평가가 아닐 수 없다.[2]

광장은 인간의 놀라운 발명품이다. 그 공간에 수많은 사람이 모여서 빚어내는 집합 행동은 오랜 진화의 산물이다. 가령 광장에 침팬지 수천 마리를 풀어놓는다면 어떻게 될까? 곧바로 난장판이 될 것이 뻔하다. 인간과 가장 가까운 동물이지만 '광장 공포증agoraphobia' 같은 패닉에 빠져서 이리저리 날뛸 가능성이 높다. 광장 집회에 반려동물을 데리고 나오는 사람들이 있는데, 동물들이 요란한 함성과 엄청난 인파를 견디지 못해 공포에 사로잡히기 십상이다. 불꽃놀이 축제 같은 곳에서는 자칫 트라우마가 생길 수도 있다고 한다.

오직 인간만이 수백만 명이 한곳에 모여서도 질서를 유지하면서 일정한 시간 동안 주의를 집중할 수 있다. 상징을 공유하고 언어를 구사할 수 있기 때문에 가능한 행동이다. 통치자들은 광장에 사람들을 불러 모아(동원해) 힘을 결집하고, 그 에너지를 자신의 권력으로 변환하고 체제를 재생산해왔다. 하지만 언제부터인가 사람들은 자발적으로 광장에 모여 스스로의 힘을 키우기 시작했다. 서로를 바라보면서 생각을 나누었고, 기존의 질서에 물음표를 달면서 또 다른 세상을 꿈꾸었다. 그리고 함께 움직였다. 시민은 그렇게 탄생했다.

만민공동회에서 응원봉 집회까지

1978년 9월, 내가 다니던 고등학교에서는 여의도에 여러 차례 나가서 합창 연습을 했다. 국군의 날 기념식 준비의 일환이었다. 박정희 정권은 그 행사에 공을 많이 들였는데, 냉전 시기에 국방력을 과시해야 할 필요가 있었을 뿐 아니라, 스펙터클한 이벤트로 통치자의 위용을 떨치려는 의도도 있었다. 행사에 빠질 수 없는 것이 음악인데, 당시에는 고등학생들이 동원되었다. 여의도 근처의 네 학교를 선정해 각각 소프라노, 알토, 테너, 베이스를 담당하도록 했다. 노래 실력으로 선발한 것이 아니라 한 학년 전체를 통째로 동원한 것이다. 모두 합치면 2,000여 명 정도로, 가히 매머드급 합창단이었다. 그날 행사를 위해 몇 달 전부터 학교 운동장에서 2학년 학생 전원이 노래 연습을 하고, 여의도에 모여 다른 학교 학생들과 함께 몇 차례 리허설을 했다. 노래는 〈나의 조국〉이었던 것으로 기억한다.

여의도 '5.16 광장'은 박정희 정부가 1971년에 조성해 그해 국군의 날 군사 퍼레이드를 통해 처음 공개했다. 그로부터 매년 그곳에서 국군의 날 기념식이 거행되었고, 간간이 대규모 반공 궐기대회 등 관제 시위가 열렸다. 경제성장을 홍보하는 전국 순회 산업박람회나 새마을운동 경진대회 같은 이벤트도 열렸다. 지금의 국회의사당이 여의도에 세워진 것은 1975년이었는데, 워싱턴의 내셔널몰을 모방해 건물 앞에 장엄한 도로를 깔고 주변의 고도를 제한해 권위를 세우려 했다.

그러다가 제5공화국 시대에 접어든 1981년, 전두환 정권은 연인원 1,000만 명의 참가자를 동원해 '국풍81'이라는 관제 축제를 벌였다. 민족문화의 주체성을 고취한다는 명분을 내걸었지만, 실제로는 5.18 광주민주화운동 1주기를 앞두고 예술을 도구로 삼아 대학생들을 탈정치화하려는 의도로 기획되었다.

관제 행사만 열린 것은 아니다. 1973년 세계적인 부흥사 빌리 그레이엄 목사가 인도한 선교집회가 이곳에서 닷새 동안 열려 연인원 300만 명이 모였고, 1984년 한국 천주교 전래 200주년을 기념해 한국에 처음 방한한 교황인 요한 바오로 2세 주관으로 한국 천주교 103위 순교성인 시성식 미사가 이 광장에서 행해졌다. 그리고 처음으로 대통령 직선제가 실시된 1987년, 후보들의 연설을 들으러 여의도에 엄청난 군중이 몰려들었다. 출마자들마다 100만~300만 명의 인파가 모였는데,

당시에는 TV 토론회가 없었기 때문에 오프라인에서 직접 지지를 호소하면서 세를 결집했고 여의도는 매우 중요한 유세장 가운데 하나였다. 집회가 없는 평상시에는 여가 공간으로 개방되어서 시민들이 자전거를 타거나 롤러스케이트를 즐겼다.

1993년 문민정부가 들어서면서 여의도는 변모하기 시작했다. 김영삼 정권은 그 공간에서 군사 독재의 흔적을 지워나갔고, 김대중 정부가 들어서고 1년 뒤(1999)에 5.16 광장은 여의도공원으로 거듭났다. 그동안 주변에 건물과 아파트가 빽빽하게 들어섰을 뿐 아니라, 봄이 되면 벚꽃 축제가 수많은 상춘객을 불러 모을 만큼 곳곳에 나무들이 가득 들어섰다.

여의도의 '광장' 면적은 예전보다 많이 줄어들었지만, 정치·사회 현안에 따라 시민 주도의 다양한 집회와 문화행사가 열리고 있다. 2002년 FIFA 월드컵 응원전, 5.1 세계노동절 노동권 보장 집회(2000년대 이후 매년), 2008년 미국산 쇠고기 수입 반대 '촛불집회', 2009~2011년 반값등록금 촉구 촛불시위, 2016~2017년 박근혜 대통령 탄핵 촉구 촛불집회 등이 그것이다. 애당초 체제 선전의 무대 장치로 만들어진 광장은 이렇듯 긴 과정을 통해 시민들이 모여 소통하고 발언하는 공간으로 탈바꿈해갔다.

권력의 무대에서 시민의 문화 마당이자 저항의 거점으로

한국 역사 속에서 광장이 민의民意의 통로가 되기 시작한 것은 언제부터였을까. 도시사회학자 김백영 교수의 연구에 따르면 조선 후기로 거슬러 올라간다. 당시에 종로(육조거리)는 왕궁 앞에 펼쳐진 광장의 기능을 수행했는데, 국왕이 행차할 때 큰 길가에서 백성들이 억울함을 호소하는 '상언上言'이나 꽹과리를 울리며 왕의 직접 답변을 청하는 '격쟁擊錚' 등이 이루어졌다. 이는 왕에게 민의를 전달하던 전통적 광장 정치의 한 형태다. 한편 종로 일대는 시전 행랑이 줄지어 선 상업 공간이자 보신각 종鐘소리를 함께 듣는 생활권이었고, 명절에는 연등 행렬이나 시장이 열리는 등 시민들의 놀이·교류 공간 역할도 했다.[3]

근대적 광장이 출현한 것은 대한제국 시기였다. 고종은 1897년 왕궁 밖에 덕수궁 대한문 앞 광장을 처음 조성했고, 이는 궁궐과 도심을 잇는 공식 의례 공간이 되었다. 그 무렵 독립협회 등 민권운동 세력은 경복궁 광화문 앞에서 여러 차례 만민공동회라는 민중 집회를 열었는데, 이는 근대적 시민 집회의 효시로 평가된다. 1898년의 만민공동회에는 수천 명의 시민이 모여 자주독립과 개혁을 논의하며 광장을 민권 의식의 발표 무대로 활용했다. 또한 1897년에 세워진 탑골공원은 한국인이 세운 최초의 공원이다.

만민공동회는 아쉽게도 1년도 지속되지 못했지만, 양반의 상소에 의존했던(그래서 '만인소'라고 했다. 조선 시대의 '인ㅅ'과 '민ℝ'은 각각 지배층과 피지배층을 가리키는 용어였다) 조선의 정치를 '만민'의 참여로 전환한 창의적 정치 공간으로 평가된다. 특히 2차 만민공동회의 결과로 권력을 얻은 박정양 내각이 독립협회와 함께 국정 개혁을 공개적으로 선언하기 위해 마련한 1898년 10월 29일 집회에서 개막 연설자로 지명된 사람이 백정 출신인 박성춘이었다는 것은 역사적 의의가 매우 크다. 그는 이렇게 연설했다. "나는 대한의 가장 천한 사람이고 무지몰각합니다. 그러나 충군, 애국의 뜻은 대강 알고 있습니다. 이에 나라를 이롭게 하는 것과 백성을 편하게 하는 것의 길인즉, 관민이 합심한 연후에야 가하다고 생각합니다."[4]

일제 강점기로 접어들어 도시 공간이 크게 재편되면서 광장과 가로의 성격이 바뀌었다. 식민 권력은 경복궁 앞에 총독부 건물을 세우고 종로에서 황군 승전 축하 퍼레이드 같은 행사를 치렀다. 그리고 1915년 조선물산공진회와 같은 박람회 행사를 경복궁 뜰과 도시 중심부에서 열어 식민 통치의 발전상을 선전했다. 하지만 그런 상황에서도 민중들의 저항의식이 사라지지 않아서 3.1 운동 때 서울 탑골공원과 종로에서 만세 시위가 시작되어 전국으로 퍼져나갔다. 다른 한편 일제 강점기에는 공원과 유원지 문화가 발전해, 남산공원이나 부산 용두산공원 등지에서 시민들이 산책과 여가를 즐겼다.

1945년 광복 후 광장은 새롭게 활용되기 시작했다. 광복 축하 행사와 대한민국 정부 수립 기념식이 중앙청(옛 총독부 건물) 앞에서 거행되었고, 정부 수립 후 이승만 정권은 광장을 반공을 내세운 국민 동원과 국가주의의 선전 무대로 삼았다. 아울러 시민의 여가 공간도 조성되었는데, 서울 시청 앞 광장 자리에 분수대와 화단이 꾸며져 휴식처가 되었고 겨울철엔 임시 야외 스케이트장이 마련되었다. 그러다가 1960년 4.19 혁명을 통해 광장은 다시 저항의 터전으로 부활했다. 하지만 곧바로 1961년 5.16 군사쿠데타가 발생해 광장은 국가 권력의 독점물이 되었다.

그 후에 앞서 언급한 1970년대 이후 2000년대까지의 우여곡절이 이어졌고, 2024년 12월 이후 다시 불의한 권력에 항거하는 시민들이 광장에 모였다. 특히 여의도광장에서 열린 탄핵 촉구 집회가 전 세계적으로 주목을 받았는데, 국회에서 탄핵소추안이 가결되던 날에는 100만 명 이상이 참가해 응원봉과 K팝으로 대통령을 규탄하며 축제를 벌였다. 나는 그 노래들을 따라 부르면서 남다른 감회에 휩싸였다. 그곳은 반세기 전 국군의 날 행사의 합창단으로 동원되어 노래를 부른 곳이었기 때문이다. 박정희 대통령이 작사·작곡했다는 〈나의 조국〉을 부르던 그 광장에서 "윤석열 탄핵, 윤석열 탄핵"이라는 후렴구를 넣어 대중가요를 합창하게 된 것이다.

19세기 말 이후 서울의 광장은 크게 세 가지 성격으로 존재해왔다고 할 수 있다. 바로, 국가 권력이 군림하는 무대, 시민

들이 문화를 즐기는 마당, 그리고 불의에 맞서는 저항의 거점
이다. 한양 도성의 육조거리에서 촛불로 가득 찬 광화문광장에
이르기까지 공간의 모습은 바뀌었어도, 광장에 모여 함께 얼굴
을 맞대고 뜻을 모아 목소리를 내는 기세는 한국 사회의 문화
유전자로 이어져왔다.

정치적 우정과 공적 행복감

해질 무렵에 서울 소식을 들은 마을 사람들은
남녀노소 없이 만세를 외치며 뒷동산 봉수대로
봉수대로 물결같이 밀려 올라갔다. 봉수대에서는
이미 봉불을 들어 화광이 충천하였고, 연달아 외치는
만세 소리는 노고와 같이 잠드는 강산을 뒤흔들었다.
누구의 충동을 받은 것도 아니요, 누구의 지혜를
비는 바도 없이 2,000만의 입에서 한결같이 절로
흘러나오는 대한독립만세!

_정비석, 〈수난자 김봉명전受難者 金鳳鳴傳〉 중에서 [5]

2002년 월드컵 거리 응원은 많은 한국인에게 황홀한 기억으로 남아 있다. 내게도 평생 잊지 못할 한순간이 마음속에 사진처럼 찍혀 있다. 16강에서 맞붙은 이탈리아전이 끝난 뒤였다. 연장전 끝에 안정환 선수의 '극장 골'로 짜릿한 역전승을 거두었기에 온 나라가 말 그대로 '뒤집어졌다'. 나는 광화문에서 관전했는데, 경기가 끝난 뒤 사람들은 환호성을 지르며 대로를 활보했고 맞은편에서는 차들이 일렬로 다가오고 있었다. 그런데 운전자들이 창밖으로 손을 내밀어 우리 쪽에서 행진하는 시민들과 한 사람씩 하이 파이브 했다. 나도 운전자들과 손바닥을 마주치며 전율을 느꼈다. 생면부지의 타인들과 그렇게 완전하게 연결될 수 있다는 사실이 참으로 경이로웠다.

2024년 12월 여의도에서 다시 한번 비슷한 체험을 하게 되었다. 일주일 전 국민의힘 국회의원들의 투표 거부로 탄핵소추가 불발로 끝난 뒤 시민들의 맹렬한 항거 끝에 가까스로 탄핵소추안이 가결된 날이었다. 국회의사당 앞에 모인 수십만 시민들은 감격하며 서로를 얼싸안았다. 나는 다른 곳에 있다가 조금 늦게 여의도에 도착했다. 집회가 마무리되면서 많은 사람이 지하철 에스컬레이터를 타고 내려오고 있었고, 나는 바로 옆 계단으로 걸어 올라갔다. 그런데 서로 엇갈리면서 얼굴을 마주 본 시민들이 일제히 맞은편 군중에게 환호와 박수를 보내고 있었다. 마치 오랜만에 절친한 친구를 만난 듯 반색했다. 익명의 행인들 사이에 오가는 환대와 축복은 가슴 벅찬 장면이었다.

광장의 집회에 참여할 때 우리의 마음은 어떻게 움직이는가. 사람들은 분명한 목적을 가지고 일부러 모였다. 참가자들은 더 나은 세상을 향한 열망을 눈빛으로 확인하고 한목소리로 표출하면서 자아를 확장한다. 낯선 사람들이 의기투합함으로써 정치적 우정을 맺게 된다. 사적 영역에 주로 머물면서 상품이나 정보의 소비자로서만 세상과 접속하다가, 공론장의 시민으로서 서로를 마주한다. 거기에서 우리는 대체 불가능한 존재로서 자신의 가치를 깨닫고 타인의 가치도 새롭게 발견할 수 있다. 광장은 그러한 만남이 이뤄지는 공간이다.

일상에서 우리는 끊임없이 평가되고 비교되고 서열화되지만, 광장에서는 갑을관계나 인정 투쟁에서 벗어나 — 거기에서는 외모나 학력 같은 것으로 서로를 견주지 않는다 — 온전한 나로서 타인들과 유대를 맺게 된다. 그러한 해방감과 소속감이 광장의 매력이다. 사람들 누구도 나를 알아주지 않을 수 있다. 하지만 단지 참석했다는 것만으로 뿌듯함을 느낀다. 집회가 끝나고 일상으로 돌아가도 그곳에서 익힌 '타인에 대한 감각'은 어느 정도 살아 움직일 수 있다.

K-집회

광장은 쉽게 만들어지지 않는다. 1980~1990년대의 민주화 시위는 살벌했다. 최루탄과 진압봉에 돌과 화염병으로 맞섰기 때문이다. 적대 감정이 정면으로 충돌하는 폭력의 현장이었다. 그러다가 2002년 주한미군의 장갑차 사고로 미선·효순 양이 희생된 것에 항의하는 시위에 촛불이 등장하면서 집회의 분위기가 달라졌다. 화염병이 단순한 도구인데 비해 촛불은 고결한 가치를 담아내는 상징이다. 아름다움, 고요함, 은은함, 영롱함,

작고 힘없는 것들이 모여 이루는 거대한 빛의 일렁임, 흔들려도 꺼지지 않는 힘…. 종교와 의례에서 촛불이 그러하듯, 엄숙함으로 세계를 마주하며 마음들이 어우러지는 공간은 평화의 기운을 자아낸다. 경찰의 폭력적 진압이 어려워진다.

평화로움을 담보하는 한 가지 중요한 요소는 참가자들의 몸가짐이다. 촛불집회 시대로 접어들면서 긴 시간 동안 바닥에 앉아 일제히 앞쪽을 바라보는 형식이 일반화되었다. 촛불이 정적靜的인 도구 — 종이컵을 감싸 바람을 막지만 아무래도 손에 들고 움직이면 꺼지기 쉽다는 의미에서 — 라서 자연스럽게 그렇게 된 듯하다. 외국의 시위 장면을 보면 피켓을 들고 구호를 외치며 행진하는 것이 전부이고, 그래서 시위를 길게 지속하기 어렵다. 그에 비해 한국의 시위는 한곳에 오롯이 머물러 2시간 이상 지속할 수 있다. 그것이 가능한 것은 우리가 오랜 온돌문화로 좌식坐式이 몸에 배어 있기 때문이다.

한국의 집회 광장에서는 앞쪽에 무대를 설치해 연설과 참가자 발언, 노래나 춤, 공연 등 다채로운 구성이 가능하다. 다른 나라에서 그렇게 하려면 의자를 준비해야 하는데, 그것을 조달하고 운반하고 다시 정리하는 일이 너무 번거롭고 비용도 많이 들어서 시민들의 시위에서는 엄두를 내기가 어렵다. 한국인의 집회 현장을 보면, 줄을 가지런히 맞춰 앉아서 무대에 주의를 집중한다. 얼핏 보면 마치 예배를 보고 있는 듯 경건한 모습이다. 거기에 촛불까지 들고 있으면 엄숙하고 비장한 아우라가 느껴진다. 앉아 있는 것 자체가 비폭력의 표시인데, 촛불은 평화로움을 더욱 확실하게 드러낸다.

2024년 겨울, 광장의 응원봉은 한 단계 더 진화한 매체였다. 그것은 K팝이라는 역동적 콘텐츠를 담고 있어서 집단 에너지를 촛불보다 더욱 크게 증폭시킨다. 눈에 보이는 공간의 범위(가시권可視圈)가 귀에 들리는 공간의 범위(가청권可聽圈)보다 더 넓기는 하지만, 소리는 어떤 물체가 가로막혀 있어도 그것을 뚫고 사방팔방으로 퍼져나간다. 그 안에는 마음을 흥분시키는 힘이 담겨 있다. 시위대는 행진할 때 합창을 하는데, 행렬이 길어지면 여기저기에서 다른 노래들이 출렁이게 된다. 나는 어느 집회에서 그 웅장한 코러스에 감싸여 있다가, 김훈 작가의 《하얼빈》 중 한 대목을 떠올렸다. 소설 속에서 일본의 정보참모는 이토에게 〈조선의 폭민 대처 상황 보고서〉라는 것을 보내는데, 지역의 소요사태를 열거하고 문서의 말미에 '상황 개요'라는 항목으로 이렇게 써놓는다. "일파一波가 흔들리니 만파萬波가 일어선다. / 산촌에서 고함치면 어촌에서 화답한다."[6]

몇 페이지 앞 첫머리에 3.1 만세운동을 소재로 한 정비석 소설의 한 대목을 인용했는데, 민중의 함성이 불러일으키는 기운생동이 선명하게 묘사되어 있다. 흥미로운 점은 거기에도 봉불(봉수대에 올린 불)이 등장한다는 것이다. 나라가 가장 어두울 때 백성들은 집에서 가장 밝은 것을 들고 나왔다. 손마다 들려 있는 횃불은 웅대한 장관을 이뤄 산과 들을 뒤덮었다. 그 빛은

100년의 세월을 건너 촛불로 되살아났다. 그리고 응원봉의 빛으로 이어졌다. 우리 시대의 가객 고故 김민기는 1970년대에 당국의 감시를 피해 〈공장의 불빛〉이라는 노래굿을 제작했는데, 그것은 반세기를 건너 '광장의 불빛'으로 부활했다.

두 개의 광장, 무엇이 다른가?

광장이 반드시 민주주의의 그릇이 되는 것은 아니다. 극우 세력도 광장을 통해 힘을 키운다. 파시즘과 나치즘이 그러했고, 이후 세계 곳곳에서 그 망령이 끊임없이 출몰해왔다. 한국에서도 2000년대 초에 싹이 자라나기 시작한 뉴라이트가 2016~2017년 촛불집회와 문재인 대통령 집권기를 거치면서 기세등등한 태극기 부대로 변모했다. 그리고 지난 내란 국면에서 더욱 극렬해졌다. 불법 계엄을 옹호하는 목소리는 점점 커져서 일시적으로 탄핵 촉구의 외침을 압도하는 듯 보이기도 했다. 극우적 세계관은 우선 유튜브를 통해 증식했지만 광장을 통해 폭발적으로 성장했다. 그렇다면 그 광장은 촛불 및 '응원봉 광장'과 본질적으로 무엇이 다른가?

태극기 집회에 열심인 아버지나 어머니 때문에 괴로워하는 후배들을 만나 이야기를 나눈 적이 있다. 어떤 인생을 살아오신 분들인지에 대한 진술을 들으면서, 나는 그동안 갖고 있던 고정관념을 수정해야 했다. 광장에서 느껴졌던 참가자들의 인상과 달리, 현역 시절에 사회 중심부에서 활약하면서 경제적 안정을 이루었고 학력도 높은 어르신들도 많았기 때문이다. 비교적 합리적 생각을 가졌을 뿐 아니라 한때 진보적인 입장에서 계셨던 분도 있었다. 그런데 나이가 들면서 서서히 바뀌더란다. 퇴직 후 일자리나 일거리가 없어지고 만날 사람도 줄어들어 무료해진 시간에 유튜브에 몰두하면서 온갖 가짜 뉴스를 신봉하게 되었다고 한다.

그런데 혼자 유튜브를 보는 데 머물지 않고 광장에 나가는 이유는 무엇인가. 마음이 통하는 사람들을 직접 만날 수 있기 때문이다. 온라인에서 정치적 입장을 일치시킨 네티즌들이 오프라인에서 모여 눈빛을 교환하고 목소리를 모은다. 이웃이 사라졌고 가족 관계마저 서먹해진 일상이지만 이곳에 오면 뿌듯한 환대를 받고 충만한 교감이 이뤄진다. 자기를 알아보고 인정해주는 동지들이 정말 고맙다. 그들과 함께 시국을 걱정하고 '반국가 세력'을 규탄하면서 의기양양해진다. 말하자면 사회의 어른으로서 역사의 발전에 기여하고 있다는 사명감과 자부심이 생겨나는 것이다. 태극기 집회에는 청년과 중년 참가자들도 적지 않았는데, 그들 역시 비슷한 존재감을 얻었으리라고 짐작된다.

이렇게 보면 태극기 광장도 앞장에서 살펴본 공론장의 성격을 갖는 것이 분명하다. 사사로운 세계에서 벗어나 공적인 영역을 창출하면서 집단 에너지를 고양하기 때문이다. 거기에서 서로를 반갑게 맞아들이며 유대를 맺음으로써 공동체를 형성한다는 점에서도 그렇다. 말하자면 그 안에도 나름 '사랑'이 깃들어 있는 것이다.[7] 하지만 그렇듯 외형적인 유사성에도 불구하고, 태극기 광장은 응원봉 광장과 몇 가지 측면에서 근본적인 차이를 지니고 있다. 이하의 비교는 나의 정치적 입장과 문화적 가치관이 반영된 것으로, 상호주관적으로 동의가 되는 범위에서 설득력을 갖는 관점임을 밝혀둔다.

응원봉 광장이 남긴 것들

첫째, 응원봉 광장에는 지향하는 세계를 선포하는 메시지가 강하게 표출되었다. 불의한 권력이나 체제를 냉혹하게 비판하지만, 거기에는 우리가 어떤 세상에서 살고 싶은가 하는 사회적 비전이 깔려 있었던 것이다. 온라인에서 그것을 공유하는 콘텐츠는 혐오를 조장하는 콘텐츠보다 짜릿하지 않기 때문에 유튜버들의 수익도 그다지 높지 않았다. 하지만 더 나은 삶에 대한 소망과 공적 감수성으로 마음을 응집시켜갔다. 그에 비해 태극기 광장에는 '안티 테제'밖에 없었다. 적대 집단을 선정하거나 때로 억지로 만들어서 그것을 향해 적개심을 퍼부었다. 공산주의, 중국인, 동성애, 민주당, 이재명 등 척결하고 소탕해야 할 대상들을 골라 좌표를 찍어놓고 증오심을 선동했다. 그것은 유튜버들의 '코인 팔이'와 맞물려 상승 작용을 일으켰다.

둘째, 응원봉 광장에는 다양한 개성이 만발했다. 형형색색의 응원봉 그 자체가 증거다. "최애最愛의 것을 가지고 나왔다"고 말하는 사람들이 많았다. 가장 아끼는 그 물건은 저마다의 음악적 취향을 상징한다. 팬클럽들이 추앙하는 아이돌이 다르고 때로 서로 비방도 하지만, 이곳에서는 정치적 우정으로 한껏 어우러졌다. 사람답게 살고 싶은 세상을 함께 소망하며 어깨동무한 것이다. 그래서 여기에서는 지도자를 맹목적으로 숭배하지 않았다. 반면에 태극기 광장은 전체주의의 색채를 띠었다. 단일 대오를 벗어나면 이단처럼 취급하고 몰아냈다. 대중을 선동하고 집단을 응집시키는 특정 인물을 신봉하고 우상화했다. 그래서 세력들 사이에 주도권 다툼이 벌어졌고 쉽게 분열하기도 했다. 권력이나 돈만을 좇기 때문에, 처음에는 지향점이 일치하는 듯했지만 수틀리면 원수처럼 돌변했다.

셋째, 응원봉 광장에서는 개인들의 목소리가 들렸다. 시민 발언대에서 누구나 삶의 이야기를 들려줄 수 있었고 참석자들은 진지하게 경청했다. 자유로운 발언이 가능한 안전한 공간이기에 내밀한 아픔과 상처도 스스럼없이 꺼내놓았다. 성소수자로서, 실직자로서, 비정규직 노동자로서, 농민으로서, 장애인으로서 겪은 설움을 공유했다. 남태령 집회에서는 홀어머니 밑에서 자란 어느 여성이 어머니에게 띄우는 편지를 읽기도 했다. "어렸을 때 나는 내가 엄마를 지켜줄 수 있는 강한 남성이 아니라서 속상했는데, 광장에서 세상은 약한 자가 모여서 바꾼다는 것을 느꼈어. 내가 그 약한 자의 입장에 서 있는 당사자라는 것이 다행스러워." 응원봉 광장에선 더 나아가 자신의 고통에 매몰되지 않고 다른 이들이 겪는 아픔으로 관심이 뻗어나갔다. 이런 분위기와는 대조적으로 태극기 광장에는 참가자들의 개인적 서사와 타인에 대한 공감이 없었다. 오직 난폭한 정치적 구호만이 가득했다.

넷째, 응원봉 광장은 거대한 나눔의 장이었다. 여의도와 남태령에서 선결제로 베풀어진 음식들과 푸드트럭, 추운 날씨를 견디는 데 필요한 방한 도구와 난방 버스, 화장실에 제공된 여성 위생용품 등은 굿판에서 행해지는 음복飮福과 다름없었다. 이 모든 것은 1980년 '광주 코뮌'의 문화유전자가 재현된 것으로, 외국의 어느 시위 현장에서도 벌어진 적 없는 호혜와 협동의 기적이었다. 동료 시민의 고생이 공동의 꿈을 위한 것이라는 믿음, 상대방과 내가 둘이 아니라는 인식(不二)이 거기에 깔려 있었다. 그에 비해 태극기 광장에는 공동체적 분위기가 있기는 했지만, 물질적인 십시일반의 단계로까지 나아가지는 못했다. 물론 증여가 전혀 없었던 것은 아니나 대단히 미미했다. 사회적 비전과 대의大義가 아니라 집단적 헤게모니와 사익을 좇는 사람들 사이에서는 호혜의 폭이 좁을 수밖에 없다.

다섯째, 응원봉 광장은 산뜻한 유머와 경쾌한 에너지가 충만했다. 집회의 목적이 긴박한 문제를 해결하는 것에만 있지 않았기 때문이다. 참가자들은 불의에 대한 항거를 신명 나는 잔치로 만들어냈다. (한국인들은 여럿이 모이면 기쁨의 에너지를 뿜어내는 경향이 있는데, 그 축제의 분위기는 시위가 폭력으로 흐르지 않도록 막아준다.) 분노를 놀이로 승화시키고 한恨을 흥興으로 바꿔냈다. 그 핵심에는 노래가 있었다. 2016년 이화여대 시위 현장에서 참가자들이 경찰과 대치하면서 부른 '다만세'가 민중가요의 위상을 갖기 시작했는데, 응원봉 집회에서는 K팝에 담긴 저항의 코드가 부각되면서 운동권 노래로 변형되었다. 윤수일과 로제의 〈아파트〉리믹스 중간에 탄핵 구호를 삽입해 박진감을 더해주기도 했다. 노래 외에도 재기발랄한 문구로 정체성을 선언하는 깃발들, 권력자들의 허상을 날카롭게 은유하고 풍자하는 구호 팻말들이 웃음꽃을 피워냈다. 탁월한 해학의 정신이 번뜩였다. 반면 태극기 광장에는 삭막한 구호와 경직된 표정이 가득했다. 울려 퍼진 노래도 〈전선을 간다〉〈충정가〉 같은 군가여서 삼엄한 분위기를 자아냈다. 응원봉 집회와 아주 가까운 곳에서 모였을 때는 학대당하는 개가 질러대는 괴성을 크게 틀어댄 적도 있다.

빛의 혁명은 K-민주주의의 위력을 지구촌에 각인시켰다. '발광發狂'을 압도하는 '발광發光'의 어우러짐, '내란內亂'을 잠재우는 '난장亂場'이었다. 그 창조적 카오스가 펼쳐진 광장은 역사의 위대한 장면으로 기록될 것이다. 법치주의와 의회민주주의의 한계를 비폭력적으로 극복함으로써 시민 정치의 놀라운 잠재력을 실현했다. 그것은 자유로운 또는 자유를 갈망하는 시민들이 연대해 이루어내는 접화군생接化群生이었다. 다른 사람들을 몰아내고 당신의 자리를 찾아드리겠다는 극우 지도자들의 선동에 현혹되지 않고, 스스로의 자리를 만들어내고 거기에 다른 사람들을 초대하는 연습이었다. 상생의 아고라에서 배양된 민주주의의 씨앗은 진보의 소중한 원동력이 될 것이다.

4

정치인

정치는 인공지능이 아닌 인간 지성을 통해
그 본질이 구현된다. 그것은 개별 시민들에 관한
데이터의 산술적 총합으로 결코 실현될 수 없다.
그것은 시민들 사이의 꾸준한 토론과 상호작용을
통해 형성되고, 그것을 토대로 사회계약이
이루어진다. 정치는 그러한 과정을 이끌어가는
공동 작업이다.

AI가 대체할 수 없는 직업

아이들에게 장래 희망을 물어보면 '대통령'이라는 대답이 종종 나오던 시절이 있었다. 김영삼 전 대통령이 중학교에 입학했을 때 종이에 자신의 목표를 그렇게 써서 책상 위에 붙여놓았다는 일화는 유명하다. 요즘에는 어떨까. 근래에 초·중·고등학교 학생들을 대상으로 희망 직업을 조사한 여러 통계를 보면, 정치인이 상위 20위 안에 들어가지 못한다. 교사들에게 물어보니 실제로 학생들이 전혀 관심이 없다고 한다. 정치인은 왜 이렇게 인기가 없어졌을까. 한국 사회가 더 나아지려면 어릴 때부터 유능한 정치인이 되겠다는 '야망'을 갖는 아이들이 있어야 할 텐데 말이다.

직업으로서의 정치인

그런데 과연, 정치인은 누구인가? 정치학 교과서들을 아무리 뒤져보아도 답이 나오지 않는다. 민주주의, 국가, 정당 등의 개념은 정의되어 있지만, 정치인이라는 항목은 없다. 챗GPT에게 물어보았다. "공동체 구성원의 이익과 안녕을 대변하고 증진하기 위해, 공적 권한과 책임을 가지고 사회적 갈등을 중재하며 정책적 결정을 내리는 사람"이라고 답한다. 핵심을 정확하게 짚어서 간결하게 풀어주었다고 본다. 그런데 문득 이런 의문이 떠오른다. 그 기준에 부합하는 정치인이 과연 얼마나 될까? 우리가 일반적으로 정치인에 대해 갖는 이미지와 너무 거리가 멀지 않은가? 아마도 정치인은 원론적으로 규정되는 역할과 실제 실행 사이의 괴리가 상당히 큰 직군 가운데 하나가 아닐까 싶다.

위키피디아의 정의는 이렇다. "정치적 권력 획득을 주된 목적으로 하는 직업, 별칭은 '위정자爲政者'. 민주주의 국가에서는 '공직 후보자 또는 선출직 공무원'." 당위적인 차원이 아니라 현실태를 객관적으로 풀이하고 있다. 또 다른 궁금증이 올라온다. 한국에는 정치인으로 분류할 수 있는 사람이 몇 명쯤 될까? 간단한 질문이지만 답을 찾기가 어렵다. 정치인은 변호사나 교사처럼 자격증을 소지하는 것도 아니고, 어떤 직장이나 협회에 소속되지도 않기 때문이다. 어떻게 가늠해볼 수 있을까?

우선 가장 확실하게 정치인의 범주에 들어가는 인원을 따져 보자. 선출직 공직자가 이에 해당한다. 국회의원 300명과 지방자치단체장 및 지방의회 의원 약 4,000명을 합산하면, 대한민국에서 공식적으로 선출된 정치인의 수는 약 4,300명이다. 이는 정말 최소한으로 잡은 수치다. 범위를 조금 넓힌다면 정당의 중앙 및 지역 조직에서 활동하는 상근 당직자나 보좌진 등이 들어올 수 있다. 이 인원은 5,000~6,000명으로 추산된다. 이상의 두 부류를 합하면 1만 명 정도가 현재 한국의 정계에서 직업 활동을 하고 있다고 볼 수 있다.

그런데 그것이 전부일까? 나의 지인들 가운데 누가 보아도 정치인이라고 할 수 있지만 위의 범주에는 들어가지 않는 부류가 있다. 바로 의정 활동을 하다가 재선에 실패해 재기를 준비하는 사람, 다른 분야에서 활동하다가 지방의원이나 국회의원이 되기 위해 '밭을 일구는' 사람들이다. 젊은 시절부터 선출직을 노렸으나 당내 경선의 문턱조차 넘지 못해 30년 이상 낭인으로 살아온 친구들도 주변에 있다. 이들 모두 정당 안팎을 넘나들며 활동하지만 월급을 받지 못하기 때문에 경제적으로 불안정하다. 그런 사람들 모두 정치인에 포함될 수 있다. 인원을 계산하기는 매우 어렵지만, 선거 때 경쟁률(당내 경선까지 포함해서)을 기준으로 보면, 최소한 현역의 선출직 정치인 4,000여 명의 2배 이상 될 것으로 짐작된다. 지금까지 나열한 숫자를 모두 합치면 1만 5,000명 정도 될 듯하다. 물론 정치인의 범위를 어떻게 잡느냐에 따라 많이 달라질 수 있다.

정치인의 규모는 앞으로 크게 변할 것 같지는 않다. 대의제 민주주의에서는 기본적으로 인구에 비례해 의원 수가 정해지기 때문이다. 그리고 정치 분야는 경제나 문화와 달리 글로벌 경쟁이 이루어지지 않는다. 스포츠 팀 감독이나 기업의 CEO로 외국인을 영입하는 일이 종종 있지만, 정치인은 아무리 뛰어나도 다른 나라에 스카우트되거나 외국의 선거에 도전할 수 없다. 정치인은 그 나라의 국적을 지니고 있어야 할뿐더러 거의 다 '토종'이다. 필리핀계 한국인 이자스민 전前 의원처럼 아주 드물게 귀화한 이주민에게 상징적으로 자리가 할당될 뿐이다. 그러니까 노동 시장의 관점에서 보면 공무원이나 교사처럼 국가 혹은 민족주의의 보호막 속에 있다고 할 수 있다. 다만 정규직이 거의 없고 데뷔할 때 적지 않은 선거 자금이 필요하며 낙선을 거듭하면 막대한 빚만 떠안게 된다. 바로 그 점이 청(소)년들이 정치인을 꿈꾸기 어렵게 하는 또 하나의 진입 장벽이다.

직업이라는 관점에서 짚어보아야 할 또 하나의 중요한 이슈가 있다. 바로 인공지능이다. 비약적 혁신을 거듭하는 AI는 모든 분야에 엄청난 파장을 일으키고 있다. 단순한 업무들은 물론 예술가, 상담사, 변호사, 의사 등 창조적인 작업이나 전문적 판단이 요구되는 직능도 위협받고 있다. 그렇다면 정치인은 어떨까?

정치하는 AI?

AI로 대체될 확률이 높은 직업을 순서대로 나열한 자료가 많이 나와 있다. 그런데 놀랍게도 정치인은 아예 언급조차 되지 않는다. AI 판사도 진지하게 거론되는데, 얼핏 그와 매우 가까워 보이는 직군인 정치인은 대체 불가능한 직업으로 여겨진다. 왜 그럴까?

AI의 핵심은 데이터다. 데이터에서 추출한 '잠재적 패턴'을 가지고 일정한 알고리즘을 따라 과제를 수행하는 것이 인공지능이다. 따라서 데이터가 많이 축적되어 있고, 그 활용도가 높은 영역일수록 인공지능에 쉽게 노출된다. 데이터 처리가 주를 이루는 직무는 인공지능에 밀려날 확률이 높다. 그런데 정치 행위는 단순한 정보 처리가 아니다. 사회 구성원들의 다양한 이해관계와 상충하는 요구들을 조율하는 소통이 정치다. 거기에는 '정답'이 있을 수 없다. 아무리 합리적인 근거에 기반해 의사 결정을 해도 이견이 쏟아지기 마련이다. 이데올로기, 신념, 사회경제적 위치, 생애 경험 등 인간 사회의 복합적인 맥락이 얽혀 있기 때문이다. 예를 들어, 복지 예산을 늘릴지 국방비를 늘릴지는 단순 계산으로 풀 수 없는 문제다. AI는 데이터를 분석하고 예측하는 데 탁월하지만, 가치 판단을 내리는 데는 근본적인 한계가 있다.

사회적 갈등 상황에서 합의를 이루어내기 위해서는 우리가 어떤 사회를 추구하는가를 놓고 토론하면서 방향을 합의해가야 한다. '정답'이 아니라 '해답'을 찾아야 한다. 그것은 냉정한 갑론을박이 아니라 감정을 살피고 마음을 움직이는 설득과 타협의 대화다. 그런데 AI는 이런 복합적이고 섬세한 커뮤니케이션에 취약하다. 아무리 정확한 데이터에 기반한다 해도 정책을 제안한 AI에게 공신력이 없으면 설득력을 갖지 못한다. 정치에서 공신력은 일차적으로 선거라는 절차를 통해 확보되는데, AI에게는 피선거권이 없다.

AI가 정치인을 대체하기 어려운 또 다른 이유가 있다. 정치인의 중요한 역할 가운데 하나가 책임을 지는 것인데, AI는 그것이 불가능하다. 자율주행차가 확대되기 어려운 것도 바로 그점 때문이다. 사실 지금 나와 있는 자율주행차들은 졸음이나 음주 등의 우려가 없기에 인간 운전자보다 훨씬 안전하다. 그런데도 상용화가 더딘 것은 어쩌다가 발생하는 사고의 책임을 누가 질 것인가의 문제가 해결되지 않았기 때문이다. 운전자 잘못이냐 자동차 제조사 잘못이냐로 법적 분쟁이 생기는데, 자동차가 스스로 운전하지만 그 사물에게 책임을 묻는 것은 불가능하다. 기계는 도구이지, 도덕적 주체가 아니라서 그렇다.

AI는 점점 인간과 유사하게 작동하면서 가족이나 친구처럼 말벗이 되어주기도 하지만, 인격적 관계를 맺을 수 있는 대상이 되지는 못한다. AI가 '존재'를 대신할 수는 없기 때문이다. AI가 사람에게 달콤하게 사랑을 고백한다 해도, 그 말은 공허할 뿐이다. 구체적인 행위가 뒷받침되지 않기 때문이다. AI는 자기 말에 결코 책임질 수 없다. 이 점은 정치에도 똑같이 적용된다. 자신의 존재를 걸고 직무를 수행해야 하는 정치인의 역할을 AI는 대신할 수 없다. 시민들은 잘못된 정책에 대해 정치인에게 불만을 제기할 수 있지만, AI가 정책을 내놓았다면 따져 물을 수가 없다. AI와 달리 정치인은 윤리적인 책무성을 가지고 공공의 이익을 구현하는 인격적 주체다. 다만 정치인이 정책 분석, 여론 조사, 입법 초안 작성 등의 역할을 AI에게 맡기는 것은 얼마든지 가능하다. 실제로 일부 정부나 정당에서는 AI를 활용한 정책 시뮬레이션이나 국민 의견 분석 시스템을 도입하고 있다.

그러나 AI의 도움을 받을 수 있는 범위는 제한적이다. 정책 수립은 자료의 객관적 수집과 분석만으로 이루어지는 것이 아니고, 정치는 정책보다 상위에서 이루어지는 행위이기 때문이다. 정치는 인공지능이 아닌 인간 지성을 통해 그 본질이 구현된다. 그것은 가장 고차원적인 정신 활동이 일어나는 영역이라고 할 수 있다. 루소가 말한 '일반 의지'(사회 구성원 전체의 공동 이익을 추구하는 의지)는 사회 구성원들이 사사로운 이해관계를 넘어 공익을 지향할 때 드러난다. 그것은 개별 시민들에 관한 데이터의 산술적 총합으로 결코 실현될 수 없다. 그것은 시민들 사이의 꾸준한 토론과 상호작용을 통해 형성되고, 그것을 토대로 사회계약이 이루어진다. 정치는 그러한 과정을 이끌어가는 공동 작업이다.

권력 투쟁, 그 비열함과 잔혹함

정치인은 자기가 한 말을 스스로도 믿지 않는다.
그래서 다른 사람들이 그 말을 믿으면 놀란다.

_드골

다른 분야에 있다가 정계에 들어가 정치인으로 몇 해 활동하고 나면 얼굴이 확 바뀌는 사람들이 있다. 인상이 아주 나빠지는 것이다. 여기에서 이름을 밝힐 수 없지만, 강연장에서 이 이야기를 하면 이구동성으로 호명되는 정치인들이 몇 명 있다. 다른 분야에서 탁월한 역량을 발휘했거나 말솜씨가 뛰어나서 대중적인 호감을 얻었던 인물들이다. 외모도 준수하고, 이미지가 부드럽고 선하고 스마트했다. 그런데 정치인이 되고 나서는 점점 표정이 경직되더니 나중에는 아주 포악스러운 얼굴이 되어버린다. 예전에 지녔던 매력은 온데간데없고 흉측한 모습으로 바뀌는 것이다. 왜 그렇게 변할까?

전쟁 같은 정치 현실

어느 분야에서든 지독한 경쟁이 이뤄지고 엄청난 스트레스를 수반한다. 그런데 정치에서의 생존은 한층 더 가혹하다. 내가 살아남기 위해서는 상대방을 죽여야 하기 때문이다. 정적政敵이라는 용어에서 확인되듯, 권력 투쟁은 적敵과 싸우는 전쟁과 비슷한 것이다. 그래서 반대편 정당의 중요 인사를 타격하는 정치인을 가리켜 자연스럽게 '저격수'라는 표현을 쓰고, 공천에서 배제되는 후보들의 목록을 일컬어 '살생부'라고 부르기도 한다.

흔히 스포츠가 전쟁을 대신해 발명된 문화 형식이라고 하지만, 엄밀하게 말하자면 스포츠는 전쟁보다 훨씬 평화롭다. 그 세계에서는 실력을 치열하게 겨루면서도 라이벌이 있어야 나의 존재가 성립된다. 최고의 선수라 해도 만일 — 실제로 그런 경우는 없지만 — 해당 종목의 다른 선수들이 모두 사라진다면 그의 자리 또한 저절로 사라진다는 말이다. 그에 비해 정치에서는 정적을 소멸시키려는 시도가 종종 벌어지고, 때로 테러도 불사한다.

한국 언론에서 한때 '동물 국회'라는 표현이 자주 쓰였는데, 법안 상정이나 가결을 둘러싸고 국회의원이나 정당 관계자들 사이에 벌어지는 난투극을 가리킨다. 검색하면 여러 사례를 사진과 동영상으로 볼 수 있는데, 사회 어느 영역에서도 넥타이를 맨 사람들이 그렇게 공공연하게 주먹질을 하지는 않는다. 다행히 최근에는 정치권에서 폭력의 빈도가 많이 줄어드는가 싶었는데, 어이없는 12.3 비상계엄 사태가 터졌고 자기에게 대적하는 핵심 인물들을 제거하려는 계획도 드러났다. 이재명 대통령은 선거 유세 기간에 방탄복을 입었을 정도로 테러의 위험이 있었다. 하기야 미국 트럼프 대통령도 암살당할 뻔했으니, 정적을 물리적으로 제거해버리려는 범행은 어느 나라에서든 일어날 수 있다. 죽고 죽이는 게임이 벌어지는 정치야말로 전쟁의 대리물이라고 할 수 있다.

물론 테러나 암살 위협을 받는 정치인은 극소수다. 그 대신 정치인들 사이에서는 수단과 방법을 가리지 않고 상대방을 무너뜨리려는 시도가 끊임없이 자행된다. 정당들 사이에서는 물론 같은 정당 안에서도 그렇다. 어떤 약점이 잡히거나 실수가 드러나면 곧바로 비난과 공격이 들어오는데, 언론과 검찰 권력이 가장 많이 동원되는 무기다. 또한 정보를 교묘하게 조합하고 편집해서 악마화하기도 하고, 가짜 뉴스를 유포하는 일도 서슴지 않는다. 정치인으로 산다는 것은 적대적인 인간관계에 늘 노출되어 있다는 뜻이다. 어제의 동지가 오늘의 적이 될 수 있는 이 살벌한 전쟁터에서는 갈등과 대립이 일상이다. 늘 견제하고 경계해야 한다. 칼을 맞고 쓰러지지 않으려면 내가 먼저 칼을 뽑아 휘둘러야 할 때도 있다.

그렇게 살아가는 정치인들은 고도의 긴장과 만성 스트레스를 감당해야 한다. 마음에는 무엇이 가득할까. 분노, 모멸감, 좌절감, 배신감, 열등감, 허영심, 수치심, 복수심, 불안, 의심, 두려움 같은 것 아닐까. 이런 부정적 감정들이 오랜 시간 축적되면 자연스럽게 험상궂은 얼굴이 된다. 인간의 얼굴 근육은 매우 복잡하고 섬세한데, 어두운 표정을 계속 짓고 살다 보면 그렇게 인상이 굳어버리는 것이다. 억눌린 감정이 막말, 실언, 성희롱 등으로 터져 나와 물의를 빚기도 한다. 또는 스트레스를 폭음으로 해소하다가 건강을 해치고 얼굴빛도 나빠진다.

건강한 정치인의 조건

정치인의 운명은 평판에 좌우된다. 선거철이 되면 여론조사에서 후보별 호감도와 비호감도, 적합도, 선호도(호감도와 적합도를 합친 개념), 지지도, 경쟁력 등을 따지는데, 높은 점수를 받으려면 꾸준하게 자기를 관리해야 한다. 우선 '인지도'가 어느 정도 있어야 한다. 아무리 유능해도 유권자에게 얼굴과 이름이 알려지지 않으면 지지를 얻을 수 없기 때문이다. 잊히면 설 자리가 없다. 자기를 알리려면 여러 경로로 존재를 드러내야 한다. 늘 카메라에 노출되고 기자들의 질문에 쫓기는 것이 정치인의 운명이다. 그 언행이 엄중한 감시와 비판의 대상이 된다. 대중의 평가를 의식해 이미지를 연출해야 한다. 감정을 억누르고 포커페이스를 하거나, 진짜 생각과 의도를 감추고 외교적 언사를 해야 할 때도 잦다.

내적인 갈등도 만만치 않다. 정치인들 가운데 이른바 '철면피'가 적지 않은데, 최소한의 양심이나 도덕마저 폐기해버리는 모습이 자주 보인다.* 정치인이 되려면 자기가 했던 말을 완전히 잊어버릴 수 있는 '능력'이 필요하다는 말이 있다. 원칙이나 철학 없이 상황에 민첩하게 적응해야 버틸 수 있다는 뜻이다. 때로 자기 배반까지도 마다하지 않아야 하는데, 참으로 괴로운 일이다. 애당초 오로지 권력만을 탐해서 정치에 입문한 사람은 그나마 견딜 수 있겠지만, 사회 정의나 민주화 같은 큰 뜻을 품고 발을 들여놓은 정치인은 자신의 소신과 충돌하는 상황이 전개될 때 고뇌에 빠지지 않을 수 없다. 거기에서 타협하다 보면 가책에 시달리게 된다.

중요한 것은 마음을 다잡고 내면의 중심을 확고하게 세우는 것이다. 나의 오랜 친구이자 마음공부의 스승인 빛숨센터 조영훈 센터장은 이렇게 말해주었다.

정치판은 이 사회의 모든 욕망이 쏟아져 들어가 집약되는 곳이지요. 유권자들은 자기가 원하는 것을 얻기 위해 민원을 넣고 여

---

* 한국직업능력연구원(직능연)이 국민 4,500명을 대상으로 조사한 '2022 한국인의 직업의식 및 직업윤리'에 따르면, 국회의원은 위세(지위)에서는 1등이었는데, 직업윤리에서는 꼴등을 기록했다.

론을 형성하며 조직의 힘을 행사하기도 합니다. 정치인은 그 압박을 감당해야 하는 자리에 있어요. 존경받는 정치인들이 그 힘들에 휘둘리지 않고 공의를 구현할 수 있는 것은 자신의 욕망을 제어할 수 있기 때문입니다. 불행하게도 대다수 정치인은 욕망을 다스리기는커녕 오히려 증폭시켜버리지요. 대중의 욕망과 권력자의 욕망이 상승 작용을 일으키며 정치가 엉뚱한 방향으로 흘러가는 경우가 많습니다.

정치인은 무의식에 억압된 자신의 욕망을 잘 이해해야 합니다. 생존에 대한 욕구, 관계에서 안전과 쾌락에 대한 욕구를 충족하고 풀어내는 건강한 방법을 체득하지 못하면 억압된 욕구가 욕망으로 변질되어 언젠가 엉뚱한 곳에서 문제로 터질 수 있지요. 그래서 예로부터 '수신제가치국평천하'가 강조되는 것 아닐까요. 욕구와 욕망의 덩어리를 다루어가는 일인 정치는 자신의 마음을 다스릴 수 있는 사람이 담당해야 합니다. 물론 완성된 사람만이 정치를 해야 한다는 것은 아니에요. 다만 인간에 대한 깊은 이해를 바탕으로 자신의 마음을 돌아볼 줄 아는 성찰 능력이 필수적입니다.

"백성을 다스리는 도리에는, 마음을 바르게 하는 것보다 먼저 할 것이 없다 牧民之道 莫先於正心." 정약용의 《목민심서》에 나오는 말이다. 《논어》에 나오는 수기치인修己治人(자기의 마음을 닦아 다른 사람을 다스린다)을 되새기게 하는 가르침이다. 리더십은 바른 마음과 인간적 탁월함에서 우러나온다. 꾸준한 성찰과 내면의 깊은 훈련을 통해 소신과 용기를 충전할 수 있다. 정략적 계산에 얽매이지 않고 꾸준히 시민의 신뢰와 지지를 얻는 정치인이 여러 난관을 돌파하고 살아남을 수 있다. 투명하고 진정성 있는 정치적 행동이 국민적 신뢰와 연대의 기반이 된다. 그런 토대가 두텁고 넓어질수록 정치 생태계가 건강해진다.

유머 감각이 필요한 이유

웃게 만드는 일이 연설가(정치가)의 소임이다.

_키케로

도널드 트럼프 대통령은 막무가내식 발언과 의사 결정으로 미국은 물론 세계 곳곳에 파장을 일으켜왔다. 그에 대한 비판과 걱정은 2016년 선거 때부터 쏟아졌다. 그의 집권 이후 우려는 현실이 되었고, 끊임없는 몰상식과 파렴치에 전 세계가 당혹감을 감추지 못했다. 두 번째 집권 이후 양상은 더욱 심각해졌다.

트럼프는 철학이나 정책 노선 이전에 근본적으로 인격과 정서 차원에서 문제가 심각하다고 진단되기도 했다. 그에 대한 부정적 평가가 여러 가지로 나왔는데, 그 가운데 웃음에 관한 것도 있었다. 오바마 전 대통령의 연설 비서관이었던 데이비드 리트가 〈뉴욕 타임스〉에 그 주제로 기고했다. 요지는 이러하다. "트럼프는 거의 웃지 않는다. 다만 비웃을 뿐이다. 자신을 지지하지 않는 사람들을 모욕하는 것에만 능하다. 그는 미국 역사상 가장 유머 감각이 없는 대통령이고, 그 대가를 미국은 톡톡히 치르고 있다. 현실의 부조리를 인식하고 거기에 대처하는 데 도움을 주는 유머의 힘을 트럼프가 활용하지 못하는 것은 권력에 대한 탐욕에만 매달리기 때문이다."[1]

정치인이 하는 일 가운데 절반 이상은 말하기라고 할 수 있다. 여러 과제를 놓고 치열한 토론을 벌이면서 해결책을 찾고 공동체의 비전을 제시하며 설득해야 하는 정치인에게 언변은 핵심 역량 가운데 하나이고, 유머는 특히 중요한 덕목으로 요구된다. 대중과 만나는 자리에서 유머는 친밀감을 형성하고 긴장을 완화하면서 소통을 원활하게 한다. 유머 감각이 뛰어난 정치인은 자신감과 인간미를 드러내 리더십의 신뢰도를 높인다. 그리고 위기 상황에서 유머는 상황을 부드럽게 만들어 비판과 갈등을 완화하는 효과를 일으킨다.

"모기들이 반대한다고 에프킬라 안 사나"

한국 정치인들은 어떤가? 그들의 얼굴에는 무슨 표정이 주로 담기는가? 국회의원이나 지방자치 의원들이 회의하거나 기자회견을 할 때의 모습을 관찰해본다. 딱딱하게 굳은 표정과 애써 위압적으로 보이려는 눈빛, 힘이 잔뜩 들어간 어깨…. 선거 운동 할 때 유권자들에게 보여주던 미소와 사뭇 대조적이다. 권력을 갖게 되면 몸짓과 말투, 낯빛이 미묘하게 변하는 경향이 있다. 공격적이거나 방어적인 태도로 바뀌고, 권위주의로 경직된 마음이 겉모습으로 숨김없이 드러난다.

그들의 입에서 나오는 말은 어떤가. 조야한 직설로 공격하거나 억지 궤변으로 변명하는 능력이 출중할 뿐, 우아하고 탁월한 언어를 좀처럼 구사하지 못한다. 이는 개인의 자질 부족 탓이기도 하겠지만, 대화의 장場에 가득 흐르는 싸늘한 기류도 큰 장애물이 된다. 김대중과 노무현 두 대통령의 연설 비서관을 역임한 강원국 작가가 어느 방송에서 했던 말이 기억난다. 국회 연설문에 유머 코드를 집어넣어도 대통령은 막상 현장에서 써먹지 못했다고 한다. 적대적인 긴장이 가득한 그곳에서 차마 우스갯소리를 꺼낼 수 없었다는 것이다.

삭막한 정치 문화 속에서도 반짝이는 유머 감각을 발휘했던 정치인으로 고故 노회찬 의원이 손꼽힌다. 기존 정치의 기득권을 깨야 한다고 주장하면서 "50년 동안 한 판에서 계속 삼겹살을 구워 먹어 판이 새까맣게 됐으니 삼겹살 판을 갈아야 한다"고 했고, 공수처 설치에 반대하는 목소리가 나오니까 "동네 파출소 생긴다고 하면 동네 폭력배들이 싫어하는 것과 같다. 모기들이 반대한다고 에프킬라 안 사나"라고 돌직구를 날린 것이 어록으로 남아 있다. 복잡해 보이는 상황의 본질을 구체적인 사물이나 현상에 빗대어 명쾌하게 드러내는 화법이 대중들에게 호소력을 가졌다.

유머는 정치인의 매력을 배가한다. 촌철살인의 화법으로 상대방의 허점을 드러내는 통찰, 정적들로부터의 공격을 의외의 한마디로 받아치는 재치, 위기의 국면에서도 국민에게 유쾌한 웃음을 선사하는 여유의 유무는 운신의 폭을 크게 좌우한다. 팽팽한 대립과 치열한 논쟁이 끊이지 않는 정치의 세계에서 유머는 단순한 청량제 이상으로 결정적인 '한 방'이 된다.

널리 알려진 외국 사례를 몇 가지 들어보자. 1984년 미국 대선에 출마한 로널드 레이건 후보는 73세였다. 민주당의 맞수로 나선 월터 먼데일 후보는 공개 토론에서 레이건의 나이를 물고 늘어졌다. 너무 늙어서 대통령직을 수행하기 어렵다는 것이었다. 그러자 레이건은 자신은 먼데일 후보의 '젊음과 경험 부족'을 문제 삼지 않겠다고 받아쳤다. 윈스턴 처칠도 재치 있는 반격에 능란했다. 의회 출석이 있는 날에 처칠이 늘 지각하자, 야당 의원들이 질책했다. 이에 처칠이 대답했다. "예쁜 아내와 한 침대를 써보시라고요. 다음부터는 의회 출석 전날에는 각방을 쓰겠습니다." 자신의 신체적 약점을 매력 포인트로 바꿔낸 예도 있다. 캐나다의 어느 정치인은 말더듬이였다. 그는 선거 유세에서 이렇게 연설했다. "예, 저는 말을 잘하지 못합니다. 그래서 거짓말도 못 합니다."

그런가 하면 절망적인 상황에서 관점을 전환해 비극을 견딜 수 있도록 이끌어준 유머도 있다. 제2차 세계대전에서 영국이 연일 독일의 공습에 시달리던 때의 일이다. 런던의 어느 백화점이 폭격으로 일부가 파괴되어 큰 구멍이 나버렸다. 다음 날 입구에 이런 안내판이 걸렸다. "오늘부터 입구를 확장합니다." 그리고 버킹엄궁이 폭격당하자 엘리자베스 2세의 어머니는 이렇게 말했다. "우리가 폭격을 당해서 다행이다. 왕실과 국민 사이를 가로막고 있던 벽이 사라졌다. 이제 폭격에 희생당한 국민을 볼 면목이 생겼다." 상황이 절박할수록 더 큰 그림을 볼 수 있어야 하는데, 실제로는 정반대로 점점 비좁은 시야에 갇히기 일쑤다. 유머는 사태에 매몰되지 않고 한 발자국 떨어져서 조망할 수 있는 시선을 열어준다.

서로를 긍정하는 웃음

유머의 미덕은 보통 사람들의 일상에서도 종종 확인된다. 단순한 의견의 차이로 인해 대화가 평행선을 달리면서 분위기가 경직될 때가 있다. 각자의 입장과 논리만을 부여잡고 시시비비를 따지면서 대립각이 날카로워지기만 하는 것이다. 그에 따라 감정 에너지도 상극으로 치달으면서 동의나 설득의 가능성을 애써 거부하고 상호 반작용의 악순환에 빠진다. 이런 상황에서 유머는 전혀 다른 관점을 열어젖히면서 서로 연결될 수 있는 지점을 발견하도록 이끌어준다. 절대시하던 차이가 사소하게 여겨지고, 그것을 넘어 함께 딛고 서 있는 공통의 기반을 확인할 수 있게 되는 것이다.

저널리스트 마리 루이제 크노트는 철학자 한나 아렌트가 추구했던 지적 자유의 여정을 추적하는 책에서 웃음을 중요한 관문으로 꼽는다. 차이점이 부각되면서 대화 상대와 거리가 멀어지는 상황에서도 웃음은 그 거리를 좁힐 수 있다는 것이다. 그에 따르면, "웃으면 파토스의 무게가 가벼워진다. 차이점과 다름의 체험들이 가볍게 부유하게 되고, 이 상태에서 보호된다". 그래서 웃음은 '가교' 역할을 할 수 있다. 생각이 다양한 사람들을 결속시키면서도 동시에 그들 사이 거리감은 일정하게 유지할 수 있게 하는 가교. 웃음은 우리의 정신이 다른 차원에서 다시 진지함에 접근할 수 있도록 한다.[2]

정치 문화가 성숙하려면 시민들의 대화 세계가 넉넉해야 한다. 언어와 논리를 정확하게 구사하면서도 그것으로 포착되지 않는 리얼리티를 상상하는 여유, 각자의 생각을 분명하게 밝히면서도 그것을 절대화하지 않는 겸허에서 유머가 싹튼다. 그것은 자신과 타인에 대한 존중을 전제로 한다. 존재를 긍정하며 새로운 현실을 창조하는 웃음이 다양하게 피어날 때, 시민사회의 공론장은 풍요로운 정치를 빚어내는 터전이 될 것이다.

정치인의 품격에 대하여

어느 국회의원이 입국하는 공항에서 자신의 여행 가방을 수행원에게 밀어 건네는 장면이 인터넷에서 화제가 된 적이 있다. 그는 정면을 바라보며 바퀴 달린 가방을 비스듬히 툭 굴려 보냈는데, 수행원이 달려와 허리를 숙이며 가방을 받았다. 이때 그의 시선은 수행원을 철저히 외면하고 있었다. 누리꾼들은 그의 행동을 두고 '노 룩 패스No Look Pass'라고 이름 붙였다. 농구에서 자기를 수비하는 상대 팀 선수를 교란하기 위해 자기 팀 선수를 보지 않고 공을 패스하는 플레이에 빗댄 것이다. 그 국회의원은 미디어에서 논란이 일자 그것이 무슨 문제냐고, 왜 그런 것으로 시비를 거는지 모르겠다는 반응을 보였다.

'안하무인眼下無人'은 권력자에게서 흔히 나타나는 태도다. 지위가 높아질수록 아랫사람이 늘어나기 때문에 점점 심해지는 경향이 있다. 자신의 언행을 상대방이 어떻게 느낄지에 둔감하다. 정도가 지나치면 사이코패스처럼 보이기도 한다. 실제로 밀접한 연관성이 있을 듯하다. 공감 결여, 타인 조종, 뻔뻔함, 죄책감 결여, 무책임, 과도한 자기애 등의 특징은 권력 획득에 도움이 되기 때문이다. 하지만 그런 리더들은 항상 불안정하다.《불통, 독단, 야망》에서 스티브 테일러는 독단적인 리더들이 얼마나 강한 사람으로 보이고 싶어 하는지, 그러나 무의식적으로 연약하고 취약해 아무리 큰 권력과 명성을 취해도 관심과 애정에 굶주리는지를 보여준다.[3]

하지만 모든 권력자가 오로지 권력과 사리사욕만 좇는다면 머지않아 체제가 무너질 것이다. 로마 제국, 청나라, 러시아 제국, 필리핀 마르코스 정권 등은 정치인들이 부정부패를 일삼고 사회 전체가 혼란에 빠져 붕괴한 대표적 사례들이다. 한국의 역사를 보아도 권력 놀음과 향락 사치와 가렴주구(가혹하게 세금을 거두거나 백성의 재물을 억지로 빼앗는 일)로 민중의 삶이 도탄에 빠지고 나라가 추락했던 시기가 여러 번 있었다. 지금 우리의 정치판이 한탄스럽게 느껴질 때가 많지만 그나마 완전히 파탄하지 않는 것은 공익을 위해 헌신하는 정치인들 덕분이다.

높은 도덕적 기준과 윤리적 책임감을 바탕으로 한 투명하고 청렴한 리더들은 국가의 몰락을 막아내는 버팀목이다. 그들은 온갖 정치적 압력이나 비난에도 흔들리지 않고 자신의 신념과 가치를 지켜낸다. 그것은 어떻게 가능할까. 그들은 정치에 입문할 때 자신이 무엇을 위해 움직이고 누구를 대변할지를 분명하게 다짐한다. 상황에 따른 유불리에 연연하지 않고 정치의 본연을 확실하게 앞세우는 것이다. 그리고 첫 마음을 잃어버리지 않았는지 늘 깨어서 돌아본다. 그런 정치인의 말과 행동에서는 진정성이 느껴진다.

노회찬 의원 같은 분은 왜 시민들의 가슴 속에 남아 있는가. 앞에서 언급했듯이 그는 간결하면서도 명쾌한 언어, 유머와 해학이 담긴 발언으로 복잡한 사안들을 쉽게 풀어내며 공감을 끌어냈다. 공격적인 언어가 아니라 품격 있는 비판과 합리적인 설득을 통해 공론장을 업그레이드했다. "그들이 저열하게 나오더라도, 우리는 품위 있게 가자When they go low, we go high"는 미셸 오바마의 말이 어울리는 정치인이었다. 능력과 함께 우리에게 감동을 준 것은 정치적 계산을 앞세우지 않고 언제나 솔직한 입장과 소신을 드러내는 태도였다. 그의 정치적 행보는 언제나 사회적 약자와 소외된 이들의 목소리를 중심에 두었고, '정의'와 '공정'을 단지 정치적 구호가 아닌 삶의 원칙으로 삼았다.

정치인의 행복

노회찬의 정신은 강인한 문화유전자로 은은하게 전승되고 있다. 나는 국민의힘 김예지 의원에게서 그것을 발견한다.

시각 장애인 피아니스트인 그는 장애인 권익 활동을 하다가 2020년 비례대표로 국회의원이 되었다. 이후에 정파에 구애받지 않고 오로지 장애인의 삶을 향상시키는 데 의정 활동을 집중했다. 매년 전체 의원 가운데 법안을 가장 많이 발의하는 그룹에 속하고, 2023년 한국장애인인권포럼이 선정하는 장애인 정책 의정 활동 우수의원으로 뽑히기도 했다. 그리고 12.3 비상계엄 사태로 대통령 탄핵안이 발의되었을 때 소속 정당의 당론을 어기고 자신의 신념을 따라 찬성 투표를 던졌다.

김예지 의원은 2023년 제헌절 경축식에서 슈만의 〈헌정〉을 연주했다. 평소에 취미로 첼로를 켠 노회찬 의원이 살아 계셨다면 그 행사에서 김예지 의원과 함께 연주했을 수도 있겠다 상상해본다. 정당을 달리하는 의원들이 피아노와 첼로로 이중주를 연주한다면 국경일 행사가 각별한 감동의 마당이 되었을 것이다. 음악을 사랑하는 사람들이 의원으로 많이 선출되면 좋겠다. 그래서 국회에서 중요한 이벤트가 있거나, 또는 국회가 개원할 때 프로그램을 마련해 연주나 합창을 한다면 대화의 결이 달라지지 않을까. 그 광경을 바라보는 시민들에게도 흐뭇한 선물이 되지 않을까.

낭만적인 상상이 아니다. 영국 의회에는 초당적all-party 합창단인 '의회 합창단Parliament Choir'이 결성되어 활동 중이다. 이 합창단은 상하원 의원은 물론 보좌관, 의회 직원 등 다양한 사람으로 구성되는데, 정쟁으로 갈라진 의원들이 노래로 화합을 이루는 장場으로 평가받는다. 특히 2016년 이후 브렉시트 문제로 의회 내 분열과 대립이 극심했을 때, 합창단에서 함께 노래하는 시간은 "의회에서 벌어지는 모든 논쟁과 어려움을 잊고 잠시 카타르시스를 느끼는 순간"이었다고 합창단장을 맡은 남작부인 슈 헤이만은 회고했다. 실제로 이 합창단에서 보수당 의원과 노동당 의원이 듀엣으로 노래를 부른 일화도 있다. 두 사람은 "우리의 정치적 입장은 서로 완전히 다르지만 함께 노래할 수 있어 정말 좋다"고 했다.[4]

이재명 대통령이 국회의원 시절 다른 의원들에게 자주 던진 질문이 있다. "지금, 행복하십니까?" 얼핏 정치인에게 어울리지 않는 질문으로 느껴진다. 정치인은 권력만을 추구하는 이미지가 짙기 때문이다. 힘겨루기와 권모술수로 점철되는 삶에 행복이 깃들기는 쉽지 않아 보인다. 이재명 대통령은 묻는다. "행복하지 않은데 뭐 하러 그 힘든 일을 하십니까?" 생각해보면 이것은 정치인 본인에만 국한되는 문제가 아니다. 정치인이나 공직자가 행복하지 않다면, 그가 수행하는 일들이 시민들을 행복하게 할 수 없을 것이기 때문이다. 여기에서 새삼스러운 의문이 올라온다. 정치인에게 행복은 무엇일까? 행복해 보이는 정치인은 누구인가? 짐작건대 김예지 의원 같은 이들은 자신 있게 말할 수 있을 듯하다. 정치인으로 사는 것이 행복하다고. 더 나은 세상을 만들어가는 일에 열정을 쏟으며 큰 보람을 느낀다고. 무엇이 자신을 움직이는지에 대해 그는 이렇게 쓰고 있다.

앞으로도 나는 '계파'와 '인맥' 같은 것에 연연하지 않을 것이다. 그런 걸 따질 시간에 누구에게도 목소리를 전하기 쉽지 않은 사람들을 찾아가리라. 내가 여기 온 건 이 팀에도 저 팀에도 못 들어가는 사람이 어딘가에 존재하기 때문이며, 내가 가장 앞장서서 대변해야 할 목소리는 그들의 것이라는 사실을 잘 알고 있다. 나 역시 어느 팀에도 속하지 않은 사람이다. 그게 나를 움직이게 만드는 가장 근원적인 힘인 것이다.[5]

권력 집단 내에서의 충성 경쟁을 거부하고 국회의원의 존재이유를 근원적으로 되묻는 자세에서 정치의 희망을 본다. 보스에게 당당하고 시민에게 겸손해야 참된 정치인이다. '예의 바른' '공손한' '정중한'이라는 뜻의 'polite'는 'politic'과 어원이같다. 고대 그리스어에서 '시민 공동체'를 뜻하는 'polis'에서파생되었다. 정치인에게 요구되는 공손함은 무엇일까. 왜 유권자들은 선거철에 후보들이 폴더 인사로 연출하는 공손함에는시큰둥할까. 공익을 내세우지만 실제로는 사익을 추구하는 정치인이 많기 때문이다. 정치인의 공손함은 시민 공동체를 섬기는 마음에서 우러나와야 한다. 그런 예의와 품격이 깊어지는만큼 민주주의는 진보한다.

교육

사적 행복은 공적 여건에 크게 좌우된다.

공동체의 문제를 해결하고 함께 살아가는 방식을
결정하는 과정을 정치로 이해해야 한다. 그것은
정치인들만의 독점물이 아니라 '우리 모두의 일'
이다. 이제 아이들에게 새로운 질문을 던져야 한다.
너의 꿈이 실현되기 위해서는 어떤 세상이 되어야
할까? 그런 세상이 되게 하려면 지금 무엇을
바꿔야 할까? 그 일을 누가 해야 할까? 우리가 할
수 있는 일은 무엇일까?

민주주의를 억눌렀던 학교

내 인생에서 처음 시위에 참여한 것은 고등학교 2학년 때였다. 1978년 3월 어느 날 오후 전교생이 갑자기 운동장으로 소집되었다. 오랫동안 미국이 청와대를 도청해왔음이 그 얼마 전에 드러났는데, 이에 격분한 박정희 전 대통령이 전국의 고등학교에 반미 시위를 하도록 지시했던 것이다(학교 이외에도 여러 사회단체가 동원되었다). 학생 대표가 앞에 나가서 미국을 규탄하는 구호를 외쳤고, 우리는 애국심이 고양되어 흥분의 도가니에 빠져들었다. 분노의 함성을 외치다가 스크럼을 짜고 운동장을 돌기 시작했다. 당시에는 대학생들이 데모할 때 대열이 흔들리지 않도록 모두 어깨동무를 했는데, 그 모습을 자연스럽게 흉내 낸 것이다.

그렇게 운동장을 몇 바퀴 돌다가 감정이 격해진 몇몇 학생들이 바깥으로 나가자고 선동했고, 대열이 그쪽으로 움직이기 시작했다. 그런데 교문에 이르는 길은 가파른 내리막에 바닥도 거칠었다. 그곳을 몇백 명이 스크럼을 짜고 달리는 것은 너무 위험한 행동이었다. 아니나 다를까 우리보다 앞서 나가던 학급에서 사고가 나고 말았다. 몇몇 학생이 넘어지자 뒤에서 바짝 따라가던 학생들 여러 명이 우르르 그 위에 포개진 것이다. 서로 어깨를 걸고 있었기에 손으로 땅을 짚을 수 없는 상태에서, 한 학우의 얼굴이 바닥에 긁히며 피범벅이 되었다. 그 아이는 안경까지 쓰고 있어서 상처가 컸고, 안면 전체에 커다란 흉터가 남았다.

일방적으로 권력에 동원된 교실

만일 요즘에 그런 사고가 난다면 언론에 대서특필될 것이고, SNS나 유튜브에서 난리가 날 것이다. 피해 학부모는 학교 당국이나 교육청을 상대로 소송을 낼 것이 틀림없다. 하지만 당시에는 모두 침묵했다. 교사나 교장 그리고 그 일을 지시했던 공무원 가운데 누구도 사과하거나 책임지지 않았다. 아무 일 없었다는 듯 모두 조용히 일상으로 돌아갔다. 교사도 학생도 그날의 사고에 대해 언급하지 못하는 분위기였다. 정치나 시국에 거의 무관심하고 무지했던 우리는 국가 권력의 선동에 휩쓸려 흥분하다가 어이없는 사고를 겪었지만, 아무런 목소리를 낼 수 없었다.

당시 한국에는 반미 감정이라는 것이 거의 없었다. 세계에서 '양키 고 홈'이라는 구호가 나오지 않았던 극소수 국가들 가운데 하나였다. 한국인에게 미국은 공산화를 막아주고 경제성장을 지원하는 혈맹이었기 때문이다. 그래서 미국 대통령이 방한하면 서울의 시민들과 학생들은 차량이 지나가는 도로에 나가 일제히 환호했다. 1974년 포드 대통령이 김포공항에서 청와대로 들어올 때, 중학생이었던 내가 서울 아현동 고개의 연도에 길게 늘어선 인파 틈에서 태극기와 성조기를 함께 흔들었던 기억이 선연하다(그리고 보니 서울의 아스팔트 위에서 태극기와 성조기가 함께 휘날린 역사는 꽤 길다). 당시에는 정부가 그런 집회에 학생들을 자주 동원했고, 그에 대해 저항감을 느끼는 사람이 없었다. 미국을 추앙하는 이벤트에 자발적으로 참여하는 사람들이 많았고, 국민의 동원을 당연시하는 권위주의 시대였기 때문이다.

보수 세력은 물론 민주화운동 진영의 사람들도 미국에 우호적이었다. 군사 독재 체제에서 미국은 우리의 민주주의를 수호하고 인권을 지켜주는 보루로 여겨졌고, 그 때문에 박정희 정권과 마찰이 잦았다. 실제로 1972년 중앙정보부(지금의 국정원)가 일본에 체류 중이던 김대중 전 대통령을 납치해 현해탄에 수장시키려 했을 때, 그를 구출해준 것은 CIA였다. 재야 세력을 위시해 많은 한국인이 그 점에 대해 미국에게 매우 고마워했다. 그러다가 한국에서 반미 감정이 생겨나기 시작한 것은 미국이 1980년의 광주 학살을 묵인한 것이 확인되면서였다. 일부 학생운동권이 미국을 타도해야 할 제국주의 세력으로 규정했고, 급기야 1982년 부산 미국문화원 방화까지 감행했다.

잠시 이야기가 샛길로 빠졌다. 다시 나의 첫 시위 경험으로 돌아가자. 친미 감정이 사회적 기류였던 상황에서 갑자기 반미의 기치를 내걸고 의분에 들끓어 시위대로 동원되었는데, 그 집회의 맥락과 의미를 어떤 교사도 풀이해주지 않았다. 트라우마를 입은 학생에 대해 아무런 보상이나 치유 작업도 이뤄지지 않았고, 충동을 절제하지 못해 사고를 일으켰다고 자책감에 시달리는 다른 학생들에게 누구도 위로의 말을 건네지 않았다. 우리가 빨려 들었던 군중 심리와 우발적 행동에 대해 이야기를 나누며 성찰하는 공간이 허락되지 않았던 것이다. 그 사건은 사소한 해프닝으로 취급되며 집단 기억에서 빠르게 지워져갔다.

언어를 박탈하는 것, 경험의 해석을 차단하는 것, 사유 역량을 파괴하는 것, 그래서 현실감각을 무디게 하는 것이 전체주의 체제의 전형적인 통치술이다. 한나 아렌트에 따르면, 전체주의의 목적은 신념을 주입하는 것이 아니라 신념을 가질 역량을 파괴하는 것이다. 그것은 제도 교육을 통해 효과적으로 실현된다. 어두운 권력은 사상을 엄격하게 통제한다. 그리고 특정한 이데올로기와 정체성을 강요한다. 예를 들어 "우리는 민족중흥의 역사적 사명을 띠고 이 땅에 태어났다"로 시작하는 '국민교육헌장'은 국가주의를 주입하는 도그마였다. 나는 초등학교 1학년 때 그 헌장 전문을 암기해야 했다.* 그 나이에 절대로 소화할 수 없는 소신과 관념어들을 기계적으로 입력한 것이다. 생각하는 힘이 자라나기 어려운 학습 환경이었다.

보이지 않는 마음들의 습관을 응시하기

다행히 군사 독재 시절이 막을 내리고 사회 전반에 민주주의가 확대되면서 교육 여건이 많이 달라졌다. 정권이 지령을 내려 학생들을 시위나 행사에 동원하는 일은 이제 상상도 할 수 없다. 더 나아가 교과서에 민주화의 역사가 실릴 정도로 교육 정책이 진일보했다. 거기에 맞물려 전교조 운동이 활발해지면서 비판적인 사고력을 키워주는 교사들이 늘어나기 시작했다. 하지만 가르치는 내용은 진보적인데 그 방식이 어처구니없

---

* 이 헌장은 박정희 전 대통령이 많은 학자를 동원해 작성한 후 1968년에 반포했는데, 일본 메이지 유신 때 공포된 '교육칙어教育勅語'를 모방한 것으로 평가된다. 당시에는 모든 교과서의 첫 페이지에 이 헌장의 전문이 실렸다. 학생들 이외에도 군대, 공무원, 군인, 경찰은 물론 일반 회사에서도 암송이 의무화되었고, 그것을 비판한 지식인들은 긴급조치 위반으로 처벌받았다. 이 헌장이 교과서에서 사라진 것은 1994년이었다.

는 경우도 있었다. 다음의 글은 1990년대에 청소년기를 보낸 어느 제자의 경험담이다.

중학교 때에 정경(정치경제)을 배웠습니다. 무슨 날이었는지, 육영수 여사의 기일이었는지, 하루는 정경 시간에 한 친구가 슬피 울었습니다. 정경 선생님이 왜 우냐고 물었고 그 친구가 답했습니다. '국모가 돌아가셨잖아요.' 그 순간 선생님이 길고 단단한 출석부로 그 친구를 맹렬하게 때리기 시작했습니다. '국모가 어딨어? 내가 민주주의를 그렇게 가르쳤어?' 저는 그 순간부터 평생을 민주주의란 무엇인가를 고민하게 되었습니다. 민주주의는 저렇게 폭력적이어도 되는 건가? 저게 민주주의야? 이런 의문이었죠.

생각은 집중적인 '의식화'로 짧은 시간에 바뀔 수 있다. 하지만 감수성의 변화는 매우 어렵고 더디다. 그 교사는 아마도 학생운동을 하면서 민주주의의 가치를 확실하게 '의식화'했을 것이다. 하지만 몸과 마음에 스며들어 있는 비민주성, 가정과 학교 또는 군대에서 자연스럽게 체득되었을 폭력은 '의식'하지 못했다. 누구나 이런 자가당착에 빠질 수 있다. 이념은 비교적 명료하게 의식의 지평에서 객관화되지만, 마음의 습관은 무의식의 굴레에 갇혀 당연시되기 때문이다. 그것은 문화의 그릇 속에서 배양되어 일상의 곳곳에 스며든다. 그 실체를 밝혀내려면 자아가 형성된 환경을 되돌아보아야 한다.

어림잡아 베이비부머 세대 및 그 위 세대가 청소년기를 보냈던 학교는 획일적 규율과 통제가 일상화된 공간이었다. 예를 들어 학생들의 두발 길이가 규정을 벗어나면 삭발 기계로 머리 한 부분을 쭉 밀어버리는 관행이 당연시되었다. '학생 인권' 같은 개념은 아예 존재하지 않았다. 그 속에서 부조리한 일들이 아무렇지도 않게 행해졌다. 교사는 종종 단순한 체벌을 넘어 감정 섞인 폭력을 휘둘렀고, 여학교에서는 성희롱이 빈번했지만 거의 문제시되지 않았다. 학부모의 촌지가 태연하게 오갔고, 그렇게 하지 못하는 부모의 자녀들은 교사가 대놓고 차별 대우 하기도 했다. 〈친구〉〈말죽거리 잔혹사〉〈폭싹 속았수다〉 같은 영화나 드라마에서 그 시절의 풍경이 생생하게 그려진다.

다행히 세상은 크게 바뀌었다. 이제 교사의 권력은 엄격하게 제한된다. 오히려 교사가 약자의 위치에 설 때도 많다. 체벌이 사라졌을 뿐 아니라 교사가 학생들에게 폭행이나 성희롱을 당하는 일이 생기기도 하고, 촌지는커녕 학부모의 갑질에 시달리지 않으면 감사한 처지가 되었다. 그런데 새롭게 등장한 폭력과 횡포의 뿌리에 무엇이 있을까? 사회의 겉모습이 바뀌었더라도 감춰진 내부에서 끈질기게 지속되는 부조리한 힘을 응시해야 한다. 민주주의가 들어설 수 있도록 삶과 사회의 터전을 끊임없이 점검하고 손질해야 한다.

살고 싶은 세상을 만들려면

어른들이 아이들에게 자주 건네는데 아이들은 받고 싶지 않은 질문이 있다. 그 가운데 하나가 "공부 잘하니?"다. 어른들도 어릴 때 자주 받은 질문이고, 그래서 명절 때 오랜만에 조카들을 만나면 습관적으로 물어보곤 한다. 그런데 흐뭇하고 풍부한 대화로 이어지는 경우가 거의 없다. 왜 그럴까. 그 질문은 배움의 경험을 묻는 것이 아니기 때문이다. 시험 성적을 묻는 것이다. 과정에는 관심이 없고 결과만 따진다. 그래서 답하기가 싫어진다. '공부=성적'이라는 등식, 우리의 뇌리에 깊숙하게 자리 잡은 고정관념을 깨야 한다. 질문을 바꿔보면 어떨까. "좋아하는 과목이 뭐야?" "요즘 무엇에 관심이 있니?" "재미있게 읽은 책 있어?" "학교에서 새롭게 배운 것이 있으면 들려줄래?"

아이들이 받고 싶지 않은 질문이 또 하나 있다. "꿈이 뭐니?"

"장래 희망은?" 초등학교 때부터 지겹도록 듣는 이 질문의 취지는 분명하다. 어른이 되어 어떤 직업을 갖고 싶은가 묻는 것이다. 요즘에는 진로교육이 강조되면서 아이들이 초등학교 때부터 이 질문을 받고, 생활기록부에도 기입된다. 그런데 아이들이 언급하는 직업은 20~30가지를 넘지 못한다. 사회는 점점 복잡해지는데 아이들의 세계 이해는 점점 단순해지는 듯하다. 게다가 삶의 구체적 경험이 부족해서 자신이 무엇을 하고 싶고 잘할 수 있는지에 대해서도 막연하다. 그래서 질문과 대답이 공허해진다. 어릴 때부터 장래의 직업을 확정하도록 압박하는 것은 성장에 도움이 되지 않는다. 그 대신 여러 방면에 호기심을 갖고 다양한 경험을 하도록 이끌어주어야 한다.

학교에서부터 민주주의를 연습해야 하는 이유

여기에서 근본적인 물음이 제기된다. 꿈과 희망은 왜 꼭 직업이어야만 할까? 유럽의 아이들에게 미래의 소망을 물어보면 "전쟁 없는 세상에서 살고 싶어요" "기후 위기가 해결되면 좋겠어요" 같은 답이 많이 나온다고 한다. 낭만적인 이야기처럼 들리지만, 지극히 현실적인 문제다. 개인적으로 아무리 뛰어난 성취를 이루어 부와 지위와 명예를 얻는다 해도 사회의 기반이 흔들린다면 삶은 속절없이 무너질 것이기 때문이다.

경제학자들은 여러 자료를 토대로 그 점을 확인해준다. 전 세계 인구를 놓고 볼 때, 사람의 소득에 가장 큰 영향을 미치는 것은 무엇일까? 유전자? 학력? 가정환경? 아니다. 태어나 살고 있는 나라다. 소득을 좌우하는 변수들 가운데 국적이 절반 정도의 비중을 차지한다고 한다. 노벨 경제학상을 수상한 허버트 사이먼은 이렇게 말한다.

우리가 아무리 관대하다 해도 우리 소득의 5분의 1 정도만이 노력에 대한 응분의 보상이라 주장할 수 있다고 본다. 나머지 5분의 4는 엄청난 생산력의 사회 시스템에 구성원들이 참여해서 만든 사회 전체의 세습 자산이다. 이는 커다란 지적 자본이 축적된 것이며, 이러한 지식의 상당 부분과 후하게 주어진 불로소득은 모두 동료 시민들이 재능을 주고받는 과정 속에서 우리에게 이전된 것이다.[1]

30여 년 전 세계 YMCA 워크숍에서 만난 아프리카 짐바브웨 출신의 청년이 생각난다. 내 또래였던 그는 그 나라에서 최고학부를 졸업했고 영어도 유창했을 뿐 아니라, 아주 잘생겼고 인품도 훌륭했다. 그리고 정말로 똑똑했다. 사회학을 공부해온 나와 견줄 수 없을 만큼 세상에 대한 식견과 안목이 탁월했다. 그런데 그가 들려준 삶의 현실은 처참했다. 독재 정권의 가혹한 탄압, 실업과 가난과 인플레이션, 교육과 의료와 복지의 열악함, 끝없는 사회적 갈등과 혼란 등으로 고달프고 불안한 나날을 보내고 있었다. (검색해보니 지금도 상황이 별로 달라지지 않았다.) 이야기를 들으면서 그런 생각을 했다. 만일 내가 짐바브웨에서 태어났다면, 그 청년보다 더 힘들게 살고 있을 것이다. 반대로 그가 만일 한국에서 태어났다면, 나보다 훨씬 더 잘 살고 있을 것이다. 그가 여러 면에서 나보다 훨씬 유능했기 때문이다.

학생들이 정치에 관심을 가져야 하는 이유는 분명하다. 개인이 아무리 뛰어나고 최선을 다한다 해도 사회가 부실하면 원하는 삶을 영위하기 어렵다. 사적 행복은 공적 여건에 크게 좌우된다. 그런 점에서 정치는 단지 정당 활동이나 권력 투쟁이 아니라, 공동체의 문제를 해결하고 함께 살아가는 방식을 결정하는 과정으로 이해해야 한다. 그것은 정치인들만의 독점물이 아니라 '우리 모두의 일'이다. 이제 아이들에게 새로운 질문을 던져야 한다. 너의 꿈이 실현되기 위해서는 어떤 세상이 되어야 할까? 그런 세상이 되게 하려면 지금 무엇을 바꿔야 할까? 그 일을 누가 해야 할까? 우리가 할 수 있는 일은 무엇일까?

그런 물음을 중심으로 탐색하고 토론하는 가운데 정치적 각성이 자연스럽게 이루어진다. 민주주의는 궁극적으로 공공선을 지향하지만, 자칫 원론과 당위의 지루한 나열이 되기 십상이다. 구체적인 생활세계를 대상으로 실천의 과제들을 궁리하면서 변화의 실마리를 찾아가야 한다. 우선 아이들의 일상 공간에서부터 시작할 수 있다. 예를 들어 스웨덴의 유치원에서는 그날의 간식을 무엇으로 할지, 어느 공원에서 놀지, 어떤 도구를 사용할지를 교사가 아니라 아이들끼리 의논해서 결정한다. 그리고 초등학교에서는 '급식협의회'를 만들어 학생들이 스스로 급식 메뉴를 결정한다.

현실을 변화시키는 배움

학교 바깥으로 시야를 넓히면 더 많은 소재가 있다. 통학로나 놀이터의 안전, 청소년 공간 등 자신들이 직접 관계되는 문제들부터 시작해 유기 동물의 복지, 장애인의 보행로, 노인들의 쉼터, 동네 숲과 가로수 가꾸기 등 지역 사회의 많은 과제가 기다리고 있다.

서울 중랑구의 송곡여자고등학교에서는 사회 교사와 사서 교사가 '주민참여예산 제안'이라는 공동 수업을 진행한 바 있다. 이미 마련되어 있는 제도를 활용한 프로젝트인데, 학생들이 직접 마을의 현황을 조사하고 관련 전문가들 및 주민들의 의견을 청취해 구청에 예산을 제안한 것이다. 인천의 서흥초등학교에는 길고양이 급식소를 관리하는 동아리가 있다. 회원들은 학교 앞 마을에서 진행되는 재개발로 인해 고양이들의 삶터가 위협받는 문제에 대해 구의회 의원들을 찾아가 관련된

조례 제정을 요구하기도 했다.

민주주의에 대해 생각하고 배우는 또 한 가지 영역으로 근로 현장이 있다. 노동 시장에서 필요한 권리 의식을 일깨우고 자기방어 능력을 키워주는 것이다. 최소한의 법률 지식도 없이 아르바이트나 실습 현장에 나서니 부당한 처우에 일방적으로 피해를 입는 경우가 허다하다. 정식으로 취업한 이후에도 정당한 권리를 지키는 일에 서툴다. 한국은 짧은 시간 동안 비약적인 경제성장을 이루었지만 그 이면에 노동자의 광범위한 희생이 깔려 있었고, 그에 대한 문제 제기는 반공 이데올로기로 배척해왔다. 교육 부문은 특히 더 보수적이어서, '노동자'라는 단어 자체를 금기시하는 분위기가 이어졌다. 민주시민교육이 제도화되면서 달라지기 시작했지만, 갈 길은 매우 멀다. 기존의 교과목처럼 일방적인 수업으로는 한계가 분명하다.

다른 나라들의 예를 보자. 프랑스에서는 유치원 단계에서 그림책으로 노동자의 권리를 배운다. 독일의 초등학교에서는 모의로 노사 협상을 연습한다. 체험 학습 수준이 아니라, 세부적인 것을 익히며 여러 차례 반복한다. 연수차 참관하러 간 한국의 교육 관계자들이 왜 그렇게 똑같은 것을 되풀이하느냐고 물어보니, 협상이 한 번에 끝나는 경우가 별로 없기 때문이라고 대답하더란다. 그리고 또 한 가지 인상적인 것은 경영자와 노동자의 역할 가운데, 후자를 선호하는 학생이 더 많았다는 점이다. 자신이 경영자보다 노동자로 살아갈 확률이 높고, 이미 노동자의 권리가 충분히 보장되는 사회이기 때문이다. 한국에서라면 반대로 나타나지 않을까 싶다.

이 점을 중요하게 짚어야 한다. 노동자의 권리가 지켜지는 사회를 만들려면, 노동자의 이미지부터 바뀌어야 한다. 우리에게는 자신이 양반이라는 허위의식이 뿌리 깊게 남아서인지, 노동자를 천한 신분과 동의어로 받아들이기 일쑤다. 노동자들도 자신의 정체성을 부정하고 자격지심에 빠지기 쉽다. 그런 관념은 교육 현장에서 교사의 태도나 말을 통해 강화되기도 한다. 어느 중학교에 급식 보조 자원봉사를 나갔던 지인이 들려준 경험담이다. 배식용 수레를 밀면서 복도를 지나가는데, 수업 중이던 교사가 자기를 가리키면서 아이들에게 이렇게 말했다고 한다. 너희들 공부 안 하면 저렇게 된다고.

직업이나 경제 수준으로 귀천을 나누는 의식은 사회 전반에 깔려 있고, 부모들에 의해 재생산된다. 예를 들어, 바로 옆에 있는 임대아파트 주민들을 차별하고 혐오한다. 자기 아이들이 다니는 학교에 그쪽 아이들이 섞이지 않도록 학군을 분리해달라고 교육청에 요청하고, 출입구나 엘리베이터도 따로 쓰게 해달라고 민원을 넣는다. 심지어 같은 단지 안에서도 자기 집보다 좁은 평수에 사는 이웃을 경멸하면서 자녀들을 격리하기도 한다. 가난하면 무시해도 된다는 생각이 만연한 사회에서 민주시민은 자라날 수 없다.

삶의 이야기가 교실로 들어오는 교육

학교는 무엇을 할 수 있을까. 대학원 세미나에서 만난 어느 초등학교 교사가 흥미로운 경험을 들려주었다. 그 학교에서는 스승의 날이 되면 학생들이 예전 담임 선생님들에게 편지를 써서 전해드린다고 한다. 그런데 이 교사는 그 대상을 바꾸어 급식을 담당하는 조리원들에게 감사의 글을 쓰도록 했다. 아주머니들에게 편지를 전달하고 나면, 그분들이 밥을 나눠줄 때 그 학급 아이들을 대하는 눈빛과 음식 담는 손길이 달라진다고 한다. 마음이 접속되는 관계에서 인격적인 교류가 이루어진다.

민주주의는 상대방을 동등하게 인정하고 존중하는 태도를 전제로 한다. 교사와 학생 간, 그리고 학생들끼리 환대의 공간을 빚어내는 것이 시민 교육의 원점이다. 그러려면 서로의 목소리를 듣고, 그것을 깊이 경청할 수 있어야 한다. 경기도 호평중학교의 황윤신 교사에 따르면, 민주시민교육은 '삶의 이야기가 교실 안으로 들어오는 것'이다. 인권, 노동, 평등, 다양성, 평화, 연대, 참여 등은 사회나 도덕 교과서에 반복적으로 언급되지만, 《더불어 사는 민주시민》 교과서를 활용한 황 교사의 수업에서는 이런 추상적 개념들이 아이들의 말로 표현된다고 한다. 아이들이 일상에서 겪었던 불평등 사례, 다른 사람들이 차별당한 사례 등을 토론 시간에 공유하는 것이다.[2]

이런 대화가 가능하려면, 아이들이 개별적 존재로 용납되고 호명되어야 한다. 성적으로 줄 세우면서 대다수 학생을 낙오자로 만드는 구조가 달라지지 않으면 민주시민교육은 허울에 불과할 것이다. 배움의 본연을 회복하는 가운데 스스로를 삶의 주인으로 자각하면서 친구를 소중한 동반자로 발견할 수 있는 시공간이 다양하게 열려야 한다. 자신의 존귀함을 새삼 깨달으면서 관계 맺기의 기쁨을 맛보고, 그 경험을 사회적 지평으로 확대해나가도록 지성과 감수성을 키우는 것이 민주시민교육의 목표라고 할 수 있다.

그런데 민주시민교육을 교실 수업으로 한정한다면 효과가 미미할 수밖에 없다. '감춰진 커리큘럼'을 점검하고 개혁하는 작업이 더 중요하다. 공간 디자인, 학칙 운영, 학생을 대하는 교사의 태도, 교사들끼리의 상호작용 등을 리모델링해야 한다. 여기에서 특히 교사 공동체가 매우 중요하다. 교무회의가 토론 없이 일방적인 지시로 이뤄지고 교사들 사이에 오가는 대화도 빈곤하다면, 교실에서 아이들의 마음을 읽어내고 온전한 만남을 이끌어내기 어렵다. 교사들이 서로의 잠재력을 북돋고 성장의 공동체를 경험할 때, 그 밝은 기운이 교실에 스며들 수 있을 것이다.

소년은 누구인가

2025년 3월 넷플릭스에서 공개된 4부작 영국 드라마 〈소년의 시간〉은 남자 청소년의 내면을 정밀하게 탐사해 큰 반향을 일으킨 작품이다. 13세인 주인공 제이미가 같은 학교의 동급생 소녀를 잔인하게 살해한 혐의로 경찰에 체포되는 장면으로 시작하는 이 드라마는 가족, 상담사, 경찰 등이 범행의 동기를 추적하는 과정을 생생하게 보여준다. 그 핵심에는 어른들이 미처 몰랐던 사이버 공간의 폭력적 문화와 이에 맞물려 왜곡된 성 의식이 자리 잡고 있다. 주인공은 또래 집단에서 '인셀'*이라고 낙인찍히면서 고립과 외로움에 빠지게 되었고, 그 좌절감과 분노를 여성에 대한 공격으로 표출했다. 50분 길이의 매 에피소드는 원테이크 기법으로 촬영되었는데, 플래시백이나 화면 편집 없이 실시간의 온전한 흐름을 따라가면서 불가해한 심리의 정체를 파헤치기에 사뭇 박진감 넘친다.

제이미의 부모는 고통스럽게 자문한다. 우리가 무엇을 잘못한 것일까. 가정은 단란했고 부모는 아이를 학대한 적이 없다. 비극이 벌어지기 전까지 부모와 누나도 그리고 학교의 교사들도 낌새를 알아차리지 못했다. '유해한 남성성'이 조용하게 번식하는 어두운 심연은 어른들에게 너무 낯선 세계였다. 온라인에서는 남성성에 등급을 매기고 낮은 등급으로 평가된 소년들이 여성에 대한 적개심을 섬뜩하게 키워가고 있었지만, 굳게 닫혀 있는 아이의 방문 바깥 오프라인에서는 전혀 감지되지 않았던 것이다. 영국만의 현실일까. 영화가 포착하는 사춘기의 마음은 국경을 넘어 지구촌 곳곳에서 자라나고 있다. 그렇다면 한국에서는 소년들이 지금 어떤 시간을 보내고 있을까.

우리가 간과해온 역사 속의 소년·소녀

《아동의 탄생》의 저자 필리프 아리에스에 따르면 중세 유럽에서는 유년기와 성년기의 경계가 모호해서 6~7세 정도만 되

* 'involuntary celibate'의 줄임말로, 비자발적으로 성적 관계를 맺지 못하는 사람들을 가리킨다. 인셀 커뮤니티는 종종 여성 혐오적인 성향을 보이며, 여성의 성적 자유를 비난하거나 여성에게 성적 관계를 요구하는 모습을 보인다. 더 나아가 분노와 좌절감을 폭력적인 방식으로 표출하며, 사회에 대한 적대감을 드러내는 경우도 있다.

면 작은 어른으로 취급되어 일정한 역할과 책임을 부여받았다고 한다. 청소년기 내지 사춘기라는 별도의 발달 단계가 인식되지 않았던 것이다. 동아시아에서도 마찬가지였다. 조선 시대에 남자아이들은 관례冠禮를 치르는 나이가 되면 공식적으로 성인 대우를 받았고, 일반 평민층에서는 사춘기 무렵부터 노동에 참여하며 성인 남성과 유사한 역할을 맡았다. '소년'을 별도의 세대로 분류하기보다는(boy나 girl이라는 단어는 오래전부터 있었다), 어린이에서 성년으로 이행하는 과도기로만 여겼다. 아동복 같은 것이 따로 없었다는 것이 단적인 증거다.

19세기 산업혁명이 일어나면서 서구 사회에서는 어린이와 청소년을 보호하고 훈육 또는 교육해야 할 대상으로 보기 시작했다. 그래서 여러 나라에서 아동 노동을 제한하고 의무교육 제도를 도입했으며, 점점 더 많은 아이가 노동 현장이 아닌 학교에서 시간을 보내게 되었다. 이제 아동기와 청소년기는 어른이 될 준비를 하면서 성장에 충실해야 하는 시기로 간주된다. 또 산업 사회에서 상품 경제가 발달함에 따라 장난감, 놀이 문화, 소년을 위한 스포츠 등이 보급되고, 보이스카우트나 걸스카우트처럼 단체 생활을 통해 인격을 도야하고 사회성과 시민 정신을 키우는 프로그램이 다채롭게 마련되었다. 다른 한편 사춘기는 부모와 갈등하고 위험 행동을 보이기도 하는 시기로 자리매김되었는데, '질풍노도'라는 표현으로 그 이미지가 압축되었다.

소년에 대한 새로운 관념은 일본으로 이식되었다. 메이지 정부가 '부국강병'과 근대 국민 양성을 위해 서양식 초등교육을 시행하면서 소년은 전통적인 가정의 울타리를 넘어 국가의 미래 인재로 여겨졌다. "소년이여, 야망을 가져라!" 우리에게도 익숙한 이 격언이 바로 그 무렵 등장했다. 홋카이도 삿포로 농업학교의 외국인 교관으로 있던 어느 미국인이 귀국하며 제자들에게 남긴 당부에서 유래했다고 한다. 근대 국가 건설을 담당할 세대로서 소년들에게 높은 이상과 포부를 심어주려는 의도가 담겨 있다. 그러한 분위기 속에서 소년들을 위한 문화 매체도 등장했는데, 《소년세계》라는 일본 최초의 소년 잡지가 1895년 창간되었다.

비슷한 흐름이 한국에서도 있었다. 갑오개혁 전후 개화사상의 영향으로 근대식 학교가 설립되고 외국의 사상이 유입되면서, 청소년 계몽에 대한 관심이 높아졌다. 특히 일본을 통해 전해진 서구의 청소년 담론과 메이지기의 소년 육성 이념은 한국에도 영향을 주었는데, 최남선이 1908년 창간한 《소년》이라는 잡지와 그 창간호에 실린 신체시 〈해에게서 소년에게〉가 대표적 사례다. 이후 1910~1920년대에 천도교를 위시해 여러 민족주의 계열의 단체들이 청년·소년 세대를 계몽하고 단결시키는 운동을 벌였다. 이제 '소년'은 더 이상 미숙한 존재가 아니라, 올바른 교육을 통해 계몽해야 할 미래의 시민으로 자리매김되고 더 큰 꿈과 책임을 지닌 주체로 재탄생했다. 그런 관점은 해방 후에도 지속되었다. 예를 들어 《새소년》이라는 잡지가 1964년에 창간되어 25년 동안 출판되었는데, 베이비부머 세대가 유년기에 탐독했던 잡지다.

그런데 근대에 접어들어 청소년이라는 독자적 범주가 생겼다고는 하지만, 생활세계가 크게 분리되지는 않았다. 특히 근대 초기로 거슬러 올라갈수록 아이들은 어른들과 많은 경험을 공유했다. 그래서 삶 속에서 자연스럽게 세상사를 두루 접하면서 사회화될 수 있었다. 때로는 공공 세계에 일찍 눈을 뜨면서 국민 내지 시민의 주체성을 자각하기도 했다. 예를 들어 1898년 열강의 이권 침탈에 대항해 자주독립의 수호와 자유민권의 신장을 위해 8개월 동안 이어졌던 만민공동회에는 어린아이들도 많이 참여했다. 어른들의 이야기를 들으면서 정치적 의식이 자라났고, 연단에 올라가 발언하는 아이들도 있었다. 그런 풍경이 《독립신문》과 《매일신문》에 자주 소개되었다고 한다. 유선영 박사는 개화기 공중公衆의 형성 과정을 밝히는 글에서 그 광경을 전해준다. 연설회에 청중으로 참석한 아이들이 "서양 각국의 종이 되느니 부모에게 종아리 맞는 것이 더 낫소. 이러다 우리나라 망하겠소"와 같은 연설을 할 정도로 당당한 발화의 주체였다. 사람들 일상에 정치가 깊숙이 들어와 있었고, 아이들이라고 예외가 아니었던 것이다.[3]

조숙한 민족의식의 문화유전자는 면면히 전승되어 3.1 만세운동에 수많은 아동 및 청소년이 참여했다. 한용운 선생이 1932년 1월 조선일보에 기고한 〈평생 못 잊을 상처〉에 그 모습이 생생하게 담겨 있다. 만해는 명월관에서 연설하다가 체포되어 자동차로 호송되는 중 마주친 광경을 이렇게 증언한다.

그때입니다. 열두서넛 되어 보이는 소학생 두 명이 내가 탄 자동차를 향하여 만세를 부르고 두 손을 들어 또 부르다가 경찰의 제지로 개천에 떨어지면서도 부르다가 마침내는 잡히게 되는데, 한 학생이 잡히는 것을 보고도 옆의 학생은 그래도 또 부르는 것을 차창으로 보았습니다. 그때 그 학생들이 누구이며, 또 왜 그같이 지극히도 불렀는지는 알 수 없으나, 그것을 보고 그 소리를 듣던 나의 눈에서는 알지 못하는 사이에 눈물이 비 오듯 하였습니다. 나는 그때 그 소년들의 그림자와 소리로 맺힌 나의 눈물이 일생에 잊지 못하는 상처입니다.

아이들의 민족의식은 해방 이후 민주 의식으로 거듭났다. 4.19 혁명의 도화선이 고등학생과 대학생들의 참여였다는 것은 잘 알려져 있지만, 사실은 초등학생들도 시위에 나섰고, 그중 6명이나 사망했다. 4.19 희생자 가운데 가장 어린 임동성 어린이는 대학생·중고생 형 누나들을 따라다니다가 경찰이 쏜 총에 맞아 쓰러졌다. 또한 수송초등학교 전한승 군도 그날 귀갓길에 목숨을 잃었고, 이에 4월 26일 그 학교 학생들이 덕수궁 앞에 모여 규탄 집회를 열었다. 당시 수송초등학교 4학년 강명희 어린이는 이런 시를 썼다고 한다. "나는 알아요 우리는

알아요 / 엄마 아빠 아무 말도 안 해도 / 오빠와 언니들이 / 왜 피를 흘렸는지를"⁴

그 지난한 역사 위에 《소년이 온다》의 동호가 왔다. 외세나 국가의 폭력에 의연히 맞서는 어린 영혼들의 행진은 간헐적이었지만 도도하게 이어진 것이다. 2016년 촛불집회에 수많은 청소년이 참여하고 온·오프라인으로 목소리를 냈던 것, 12.3 내란 국면에서 2030 여성들이 응원봉을 들고 빛의 혁명을 이뤄낸 배경에는 모두의 삶을 위해 자신의 죽음을 무릅쓰고 떨쳐 일어난 동심과 청춘들의 역사가 있었다.

미래 세대 교육의 초점

아쉬운 것은 남자 청(소)년들이 민주화의 의제에 상대적으로 관심이 적다는 점이다. 그 원인에는 여러 상황이 맞물려 있다. 괜찮은 성 역할 모델이 없는 성장 환경, 관심사도 학업 성취도도 크게 차이가 나는 여학생들, 생계부양자의 위치를 완전히 벗어나지 못한 채 저성장 속에서 가중되는 생존 압박, 군 복무로 인해 받게 되는 불이익…. 거기에 결정적 변수로 작용하는 것이 미디어 환경이다. 청소년의 마음 형성에 스마트폰이 미치는 영향을 추적한 조너선 하이트에 따르면, 최근 들어 남성 청소년과 청년이 목적 없이 떠도는 느낌을 강하게 받는다고 한다. 현실 세계에서 그들이 설 자리를 잃은 데다가 그렇게 밀려난 그들의 마음을 온라인 공간이 블랙홀처럼 빨아들였기 때문이다.[5]

현실에서 어떻게 존재감을 회복할 수 있을까. 앞에서 다루었던 민주시민교육이 한 가지 통로가 될 수 있다. 학교에서 다양한 수업이나 프로젝트가 진행되어왔지만, 모의국회나 의회 견학 같은 '체험' 수준에 머물면 안 된다. 삶의 공간에서 영향력을 행사함으로써 정치적 효능감을 느낄 수 있는 계기를 다양하게 마련해야 한다. 예를 들어 스웨덴에서는 새로운 법률을 제정할 때 법안에 관련된 당사자들이 합의를 도출하는 과정이 확립되어 있어서 젊은이들을 위한 정책을 세울 때 여러 청년 단체가 논의에 참가한다. 그런 활동을 보장하기 위해 보조금도 지급한다. 핀란드에서도 청년 의회가 운영되는데, 의원은 13~17세 30명으로 임기는 2년이다. 그들은 지방의원에 준하는 활동비를 받으면서 의사 결정에 실제로 관여한다. 청년 의회의 의원들이 그러한 위상을 가질 수 있는 것은 대표성과 당사자성 그리고 전문성을 갖추었기 때문이다.

청(소)년들이 세계로부터 거부당했다는 모멸감을 느끼지 않게 하려면 시민사회의 주체로 이행하는 경로가 탄탄해야 한다. 스스로를 '루저'라고 규정하는 좌절감과 무력감을 극복하려면 일정한 권능을 부여받아야empowerment 한다. 언어를 잃어버린 이들은 혐오에 쉽게 선동당한다. 공공 세계의 결정에 일정한 지분을 가지고 참여하고 발언할 수 있을 때 시민으로 성장한다. 자신의 목소리에 귀 기울여주고 당신이 필요하다고 말해주는 사회에서 젊은이들은 믿음직한 성년으로 자라날 수 있다. 음습하고 폐쇄적인 온라인 공간에서 빠져나와 공동의 경험을 더불어 창조하는 주역으로 거듭날 수 있도록 신뢰하고 지지하는 어른들이 있어야 한다. '소년의 시간'이 방황과 좌절만으로 점철되는 것이 아니라 보람과 축복도 누릴 수 있도록 말이다. 아울러 그들의 일상에 황순원의 〈소나기〉에 나오는 소년의 순정, 또는 방탄소년단의 발랄한 몸짓 같은 생명력도 다채롭게 피어나기를 소망한다.

환대의 마음을 키우자

중고등학교 시절 등교 장면이 떠오른다. 교문에는 교사들이 서 있을 때가 많았다. 학생들의 옷차림과 외모를 검사하기 위해서였는데, 체육 또는 교련(당시에서는 군사 훈련이 정식 교과목으로 있었다) 교사가 주로 그 역할을 담당했다. 학교가 정한 복장과 두발 길이의 기준을 위반한 학생들은 곧바로 적발되어 징계를 받는다. 꾸중을 듣거나 벌을 받거나 구타를 당하거나 머리를 깎이게 되는 것이다. 그러니까 학생들은 정문에 들어서면서 바짝 긴장할 수밖에 없었다. 하루가 시작되는 아침, 학교와의 만남은 두려움으로 채색되었다. 물론 그 시절에는 당연시되는 관행이었다.

이제는 그런 규율과 통제가 사라졌다. 학생 인권에 대한 의식이 사회적으로 확대되어온 덕분이다. 정문에 교사가 서 있는 학교들이 있기는 하다. 초등학교에는 아주 많은데, 목적이 전혀 다르다. 등교하는 학생들과 인사를 나누기 위해서다. 중학교나 고등학교에서도 교장이 매일 아침 아이들을 일일이 맞이하는 사례가 있다. 학생들은 정문에 들어서면서 선생님과 눈빛을 마주친다. 하루가 시작되는 아침, 학교와의 만남은 반가움으로 충전된다. 물론 사춘기 아이들이라서 그런지 시큰둥한 표정으로 마지못해 인사를 나누는 경우도 많다. 하지만 짧은 순간이나마 서로를 알아보는 시간들은 오랫동안 기억에 남을 것이다.

터널 안처럼 어두운 교육 환경

인간에게 타인은 어떤 존재일까. 아주 거칠게 두 종류로 나누어본다. 하나는 나를 위협하는 사람들, 다른 하나는 나를 지지하는 사람들이다. 당신에게는 어느 쪽이 더 많은가? 성장 과정에서는 어떠했는가? 많은 시간을 함께 보낸 가족이나 교사나 친구들은 어느 쪽에 가까웠는가? 여기에서 '위협'이 다소 과장된 표현으로 느껴질지 모르겠다. 하지만 나를 있는 그대로 수용하지 않고 어떤 기준이나 목표를 들이대며 평가하고 감시하는 것, 다른 사람들과 비교하면서 우열을 가르는 것, 못난 사람은 존재 가치가 없다는 메시지를 암묵적으로 보내는 것은 모두 위협에 해당한다. (또 한 가지 중요한 것은 상대방이 나를 그렇게 대하지 않아도 내가 위협당한다고 느낄 수 있다는 점이다. 나보다 잘나 보이는 사람 앞에서 주눅 드는 자격지심이 그렇게 만든다.)

우리의 교육은 아이들을 두려움에 길들이는 시스템으로 보인다. 이제 등굣길에 복장검사를 하지는 않지만, '4세 고시' '7세 고시' '초등 의대 준비반' 같은 것이 등장할 정도로 아동기부터 혹독한 경쟁이 강요된다. 높은 수준의 학력과 자격증을 획득해 고소득 전문직에 들어가지 못하면 '루저'가 되어버린다고 굳게 믿는다. 그래서 아직 사회생활을 시작하지도 않았는데 벌써 '이생망(이번 생은 망했다)'이라면서 미래를 단념하는 청(소)년들이 늘어간다. 장차 어떤 '등급'의 인생을 살 것이라는 판단위에 현재의 삶을 규정해버리는 것이다. 그러한 시선으로 나를 바라보는 타인들이 주변에 가득하다. 성장 과정은 자아를 위협하는 사회적 압박들로 점철된다.

두려움은 전체주의가 번식하는 토양이다. 실존에 대한 공포로 지성이 마비되면 폭군을 아무 생각 없이 추앙하게 된다. 자아가 불안정하기 쉬운 청(소)년들은 특히 더 취약하다. 히틀러유겐트, 마오쩌둥의 홍위병, 북한의 소년단 등은 청춘의 맹목적 열정을 선동해 권력의 도구로 악용한 대표적 사례들이다. 독재국가에서만 벌어지는 일이 아니다. 1995년 일본 도쿄에서 옴진리교가 일으킨 대규모 지하철 화학 테러 사건으로 사망자 14명과 부상자 6,000여 명의 피해가 발생한 적이 있다. 그때 범행에 가담한 테러리스트들은 모두 일류 대학 재학생들이었다. 그 사실에 충격받은 정신과 의사 오카다 다카시는 그들의 심리를 분석하고 규명하는 작업에 착수했다.

그가 내세운 개념은 '터널 효과'인데, 경직된 사고방식에 매몰되어 주체적인 판단 능력을 잃는 것을 의미한다. 이는 마치 터널 안에서 시야가 좁아지는 것처럼, 외부 정보를 제대로 받아들이지 못하고 특정 가치관에 지배당하는 상태를 비유적으로 표현한 것이다. 터널 효과는 사이비종교의 신도 포섭에서만 일어나는 것이 아니다. 어린 나이에 인생의 목표를 특정한 직업이나 고도의 사회적 성취로 고정해놓고, 그 이외의 것에는 시선을 돌리지 못하도록 눈을 가리는 것도 마찬가지 결과를 빚어낼 수 있다. "아이 스스로 시행착오를 겪고 의사 결정을 할 수 있도록 시간을 충분히 주어야 한다." 오카다의 조언이다. 아이들이 터널의 함정에 빠지지 않으려면 너무 일찍부터 선택지를 하나로 좁히지 않아야 한다. 딴짓으로 시간을 낭비하는 것처럼 보이더라도, 공연히 멀리 돌아가는 듯 보이더라도, 그것이 결국 지름길이라는 것이다.[6]

마음 놓을 수 있는 마을이 필요하다

불확실성이 가득한 세상을 살아가려면 명료하지 않은 상황을 다루는 능력이 있어야 한다(이것을 심리학에서는 '애매성 내성 tolerance of ambiguity'이라고 한다). 울퉁불퉁하고 구불구불한 인생의 경로 속에서도 의연하게 자기만의 스토리를 완성해갈 수 있어야 한다. 여기에서 중요한 것은 자기에 대한 신뢰다. 길이 막히거나 끊긴 듯한 지경에 놓일지라도 체념하지 않고 전진할 수 있는 내공이다. 그것은 저절로 생겨나기 어렵다. 좌충우돌하고 갈팡질팡하고 우물쭈물하는 모습을 묵묵히 지켜봐주면서 한결같이 응원해주는 누군가가 있어야 한다. 미로에서 헤매고 있을지라도 정체성을 위협하지 않고 존재를 온전히 용납하고 지지해주는 눈길 말이다. 방황이 상수일 수밖에 없는 청(소)년 시절, 실패에 너그러운 어른들이 곁을 지켜주면 좋겠다. 그런 인연은 의외의 만남에서 맺어질 수 있다.

〈정돌이〉라는 제목의 다큐멘터리 영화가 있다. 1987년 민주화운동 한가운데서 사춘기를 보낸 14세 소년 송귀철이 주인공이다. 그는 경기도 연천에 살고 있었는데, 아버지의 알코올 중독과 폭력에 시달리던 어머니가 가출해버렸다. 아버지와 도저히 함께 살 수 없다고 판단한 소년은 가출해 무작정 서울행 열차에 올랐다. 종점인 청량리에서 내렸지만 갈 곳도 없고 머물 데도 없어 배회했다. 바로 그때 옆에서 서성이던 대학생이 있었는데, 경찰의 수배를 피해 도망 다니던 고려대 행정학과 학생이었다. 그는 추위와 배고픔에 힘들어 보이는 소년에게 말을 건넸고, 자초지종을 듣게 되었다.

대학생은 인근의 심야 만화방에서 소년과 하룻밤을 보내고, 다음 날 고려대학교 정경대학 학생회실로 소년을 데리고 왔다. 그렇게 시작된 '캠퍼스 생활'은 2년 이상 지속되는데, '정돌이'라는 별명도 '정경대에서 사는 꼬마' '정경대의 마스코트'란 의미로 붙여진 것이었다. 소년은 종일 대학생들과 어울려 지내며 밥도 함께 먹고 공부도 하고 놀기도 했다. (형, 누나들에게서 가장 많이 들은 말은 '밥 먹었니?'였다고 한다.) 그 과정에서 수많은 형, 누나들과 안면을 트게 되었고, 성북경찰서 형사들 사이에선 '정돌이만 잡으면 고대 운동권 조직 전체를 파악할 수 있다'는 우스갯소리까지 나돌았다. 또 다른 농담으로, 사범대 학생들은 정경대의 '교육 환경'이 좋지 않으니 아이를 자기들에게 넘기라고 요구하기도 했다. 대학생들만이 아니라 학교 앞 식당의 아주머니들도 나서서 정돌이를 돌보아주었다. 잠자리를 제공하고 아르바이트를 시키면서 용돈도 주었다.

소년에게 캠퍼스는 일종의 대안학교가 되었다. 형과 누나들과 함께 시간을 보내면서 자연스럽게 지적 자극을 받았고, 동아리 공부 모임에 참석해 광주민주화운동 등에 대해서 배우며 사회에 눈을 뜨게 되었다. 그렇게 여기저기 기웃거리다가 농악대에도 발을 들여놓게 되었는데, 바로 거기에서 풍물의 매력에 사로잡혔다. 장구에 소질이 있음을 발견하고 집중적인 강습을 받았다. 시위 현장에 북을 들고 앞장서기도 했다. 이러한 경험이 쌓여 인생의 길이 되었으니, 이후 30년 동안 사물놀이에 매진해 지금 풍물패 '미르'의 대표로 활동하고 있다. 유튜브로 '송귀철'을 검색하면 장구의 명인이 되어 공연하는 모습을 볼 수 있다.

한 아이를 키우려면 온 마을이 필요하다는 말을 실감하게 하는 이야기다. 마을이란 무엇인가. 상대방을 있는 그대로, 그리고 나의 온 마음으로 맞아들이는 공동체다. 가정과 학교가 그런 환대의 공간이 되지 못하면 아이들의 성장이 왜곡되기 쉽다. 경쟁과 생존의 논리만 판치는 싸움터에서 강자를 숭배하고 약자를 짓밟는 파시스트가 잉태된다. 살벌한 관계가 빚어내는 심리적 취약함은 경제적 빈곤만큼 민주주의를 위협한다. 서로를 아끼고 돌보는 긍휼의 마음들이 어우러질 때 인간적인 세상이 넓어진다. 그러한 사회적 지능이 자라날 수 있도록 무해한 어른들이 울타리를 만들어주어야 한다.

Democracy and the Healing of Suffering
Beyond Healing without Politics, Politics without Healing

대화

시민적 지성은 불확실성이 점점 커지는 시대를
견딜 수 있는 버팀목이 된다. 확실한 답이나
결론으로 혼란과 모호함을 없애버리려는
'종결 욕구'를 내려놓고, 삶과 세계에 관한
'불편한 진실'들을 투명하게 응시할 수 있는
안목이 세워지기 때문이다. 절대적인 처방전이나
특정 인물에 대한 숭배에 의존하는 대신,
주어진 과제들을 하나씩 풀어가는 과정 자체에서
사회적 신뢰를 구축할 수 있다.

'틀림'에는 단호하게, '다름'에는 너그럽게

지인의 경험담이다. 오가며 인사를 나누는 이웃이 있었다. 어느 날 탄핵 촉구 집회에 나갔다가 귀가하는데 아파트 엘리베이터에서 그분을 만났다. 지인이 어디에 다녀오시냐고 물으니, 이웃은 집회에 참석했다고 답했다. 지인은 반색했다. "아, 그러세요? 저도 집회에 갔었거든요." 그리고 잠깐 침묵이 흘렀다. '어느 쪽' 집회인지 몰랐기 때문이다. 서로 어색해하다가 조심스럽게 물었는데, 다행히 같은 집회였음을 확인하고서 웃었다고 한다. 만일 다른 집회였다면?

선거가 다가오거나 정치적인 쟁점이 첨예해지면 여야 대립이 격화되는데, 그 여파는 사적인 인간관계에까지 미친다. 친구들 사이에 의견이 충돌하고, 대화가 거칠어지면 '손절'하기도 한다. 명절에 모인 가족과 친지들이 정치 이야기로 언성이 높아진다. 지난 불법 계엄 사태 이후 이런 일들이 더 많아졌다. 사회적으로 적대 감정이 빠르게 증폭되었고, 그 기간이 길었기 때문이다. 나는 그것을 '내란성 불화'라고 이름 붙여보았다. 내란이 여러 인간관계에 크고 작은 균열을 일으켰기 때문이다.

책을 딱 한 권만 읽은 사람이 가장 위험하다고들 한다. 하나의 생각에만 골몰하다 보면 자기 세계 밖의 현실을 받아들일 줄 모르기 때문이다. 확신에 찬 사람의 생각을 바꾸기는 매우 어렵다. "그에게 사실관계 정보와 수치 근거들을 제시해 보라. 그는 출처를 의심할 것이다. 그에게 논리적으로 반박해보라. 그는 당신 말의 요지를 파악하지 못할 것이다."[1]

정치적 견해의 차이가 관계를 단절시키는 경험을 나는 강의실에서 한 적이 있다. 어느 자활센터에서 인문학 강의를 할 때의 일이다. 한국의 현대사를 이야기하다가 한강 작가의 《작별하지 않는다》를 언급했고, 작품 배경이 되는 제주 4.3 사건의 전말을 설명했다. 그러자 한 수강생이 화를 내면서 따지기 시작했다. 공산당 폭도들이 일으킨 난동인데 경찰과 군인들이 진압하는 것이 당연하지 않냐는 반론이었다. 나는 질문했다. 그러면 어린아이와 노인 그리고 여성을 왜 그렇게 많이 죽였나요? 그들도 폭도였나요? (전체 피해자들 가운데 10세 이하 아이들과 60세 이상 노인들이 각각 6퍼센트, 여성이 20퍼센트를 차지한다.) 그분은 대답하지 못했다. 그리고 자리를 박차고 강의실을 나가버렸고, 그 후에 계속 출석하지 않았다.

아노크라시의 징후

민주주의는 인류가 오랫동안 분투하면서 창출해낸 탁월한 발명품이다. 하지만 동시에 매우 취약한 제도다. 다양한 의견을 허용하는 시스템이기에 끊임없는 갈등과 충돌이 이어지고, 자칫하면 돌이킬 수 없는 파국에 이를 수도 있다. 견고하게 유지되는 듯하다가도 한순간에 무너져버릴 수 있는 것이 민주주의라는 것을 우리는 12.3 불법 계엄 사태 이후 뼈저리게 경험했다.

한국만의 문제가 아니다. 2010년대에 접어들어 전 세계적으로 민주주의의 쇠퇴 징후가 뚜렷하게 나타난다. 바버라 월터는 《내전은 어떻게 일어나는가》라는 책에서, 점점 더 많은 국가가 '아노크라시anocracy'로 추락하고 있다고 말한다. 아노크라시란 독재에서 민주주의로 이행하거나 민주주의에서 독재로 하강하는 중간 상태로, 내전이 일어나기 쉬운 조건이다. 독재 정부처럼 반란 세력을 누를 만큼 강력한 공권력이 작동하지 못하거나, 갈등을 조정하고 불만을 다스릴 시민의식과 공론장이 빈약하면 사회가 무너져버린다.

'내전'이라고 하면, 아프리카나 중동처럼 국가 시스템을 제대로 수립하지 못한 지역 또는 이른바 민도民度가 낮은 저개발 국가들에서 일어나는 정변으로 여겨져왔다. 하지만 민주주의의 최고봉이었던 미국에서 2021년 1월 6일 국회의사당 점거

폭동이 일어났고, 한국에서도 2025년 1월 19일 서부지법이 공격당했다. 헌법기관을 무력화하는 것은 민주주의의 근간을 파괴하는 행위로, 자칫하면 내전으로 비화할 수 있다. 바버라 월터는 내전의 첫 번째 징후로, '너는 누구 편이냐?'라는 질문이 만연하는 것을 지목한다. 모든 사람을 아군과 적군으로 나누어 놓고 상대편을 박멸해야 한다고 생각하는 것이다. 2024년에 개봉한 영화 〈시빌 워〉에서도 어떤 사람이 자기에게 총을 겨눈 군인에게 벌벌 떨면서 "나는 미국인이다"라고 말하자, 군인이 되묻는다. "어느 미국인인가? What kind of an American are you?"

　민주주의는 폭력이 아닌 대화로 갈등을 풀어내는 장치다. 그것이 가능하려면 사회적 분열과 이로부터 발생하는 긴장을 끌어안아야 한다. 의견이나 입장의 간극을 인정하고 다름을 수용해야 한다. 그러나 어디까지 받아들여야 할까? 관용은 어떤 상황에서든 절대 고수해야 할 미덕인가? 차이를 견디지 못하는 것은 미성숙함의 반영일까? 그렇지 않다. 파커 파머는 《비통한 자들을 위한 정치학》의 2024년 개정판 서문에 다음과 같이 썼다.

　일부 의견 불일치는 양자택일을 강요하는 모순을 내포하기에 창조적인 방향으로 나아갈 수 없다. 예를 들면 다음과 같은 경우다.

　＊문제 해결을 위한 폭력적 접근 방식과 비폭력적 접근 방식에 대한 논쟁에서 거래는 있을 수 없다. "대화하자"와 "AR-15 소

총으로 말을 대신하겠다"사이에 중간 지점이 있겠는가?

* 입증 가능한 사실이 사실무근의 주장에 '반박당할' 때 또는 '증거'를 밝히기를 거부하는 음모론자들이 꾸며낸 허구와 충돌할 때도 마찬가지다. '과학 그리고/또는 법은 이렇게 말한다'와 '미스터리한 남자 Q는 이렇게 말한다'의 중간 지점은 어디일까?

* '우월한' 인종, 민족, 국적, 종교 같은 것이 있다는 식의 본질적으로 사악한 전제를 한쪽이 견지할 때도 협상과 거래가 있을 수 없다.[2]

고통 앞에 중립은 없다

민주주의는 다름을 존중하는 시스템이다. 하지만 나(우리)의 생각에 동의하지 않는 사람들을 없애버려야 한다는 생각까지 존중할 수는 없다. 그것은 민주주의 자체를 부정하는 자기모순이기 때문이다. 우리에게는 무슨 말이든 다 할 수 있는 자유가 없다. 유럽의 여러 나라에서 혐오 발언을 엄격하게 규제하고 처벌하는 까닭이 거기에 있다. '다름'과 '틀림'은 분명히 다르다. 다른 것은 허용해야 하지만, 틀린 것은 단호하게 — 그러면서도 가능하면 부드럽고 친절하게 — 거절해야 한다.

그렇다면 무엇이 틀린 것인가. 부모가 자녀를 훈육할 때 무조건 안 된다고 엄격하게 가르쳐야 하는 것들이 있다. 폭력, 성희롱, 도둑질, 거짓말 등이 그것이다. 자녀가 그런 행동을 할 때 변명의 기회를 주거나 그럴 수도 있겠다며 눈감아주면 안 된다. 그것은 토론이나 이해의 대상이 아니다. 칸트가 말한 정언 명령(어떠한 상황에서도 도덕적으로 옳다고 판단되는 행동)처럼, 절대적인 금기로 각인시켜야 한다. 어른들의 세계에서도 마찬가지다. 범죄적 행동에 대해서는 단호하게 'No'를 외쳐야 한다. 그런데도 그만두지 않으면 법적인 조치도 취해야 한다.

민주주의의 공론장에서도 그런 엄중함이 요구된다. 자신의 뜻을 관철하기 위해 폭력을 행사하는 사람들, 거짓 정보를 퍼뜨리면서 특정한 집단을 섬멸하려는 무리에게 우리는 자리를 내어줄 수 없다. 관용에는 분명한 한계가 있다. 반민주적인 신념과 독단 그리고 거짓말을 엄정하게 분별하는 지혜, 일정한 정도를 넘어서는 발언과 주장에 냉정하게 대처해야 한다. 명백한 불의에 대해서도 애매한 태도를 취하지 말아야 한다. "선이란 몇 번 넘으면 영원히 사라진다"(영화 〈레인메이커〉에 나온 대사)는 것을 염두에 두자. 고故 프란치스코 교황이 방한해 세월호 유가족을 면담하는 일정이 잡혔을 때, 성직자가 정치적인 중립을 어긴다는 우려와 비판이 나왔다. 그에 대해 교황은 말했다. "인간의 고통 앞에 중립은 없습니다."

민주주의는 선택의 자유를 보장하지만, 모든 선택지가 허용되는 것은 아니다. 식당 메뉴판에 독약이 들어갈 수 없는 것처럼 폭력과 거짓은 배제해야 한다. 불관용에 관용할 수는 없다.

관용은 어디까지나 상호 관용이어야 한다. 그 원칙을 분명하게 세우지 않으면 민주주의는 언제든 극단주의 세력에 휘둘릴 수 있다. 다만 김수환 추기경의 말씀 하나를 염두에 두면 좋겠다. "불의에 대해 분노하되 분노와 증오를 구분해야 합니다."

'우리'의 테두리를 넓히자

네 적을 사랑하라. 그것이 네 적의 신경을 거스르는
가장 훌륭한 방법이다.

_베르나르 베르베르

폭력과 거짓에 단호해야 한다는 말에서 한 가지 분명히 해두어야 할 것이 있다. 그것은 불의에 맞서자는 것이지 사람을 적대시하자는 것이 아니다. 죄는 미워하되 죄인은 미워하지 말라는 성서의 가르침대로 말이다. 물론 매우 어려운 일이다. 악을 행하는 사람에게 분노가 일어나는 것이 인지상정이다. 하지만 그 감정을 충분히 인정하면서도, 그것에 주책없이 끌려가지는 말아야 한다. 어차피 사회 구성원으로 함께 살아가야 한다면, 그 존재를 인정해야 한다. 그리고 의견을 모으고 감정을 나누면서 공존의 테두리를 넓혀야 한다. 거리를 좁히면서 변화의 가능성을 찾아야 한다. 그런데 도대체 어떻게?

〈더 베스트 오브 에너미즈〉라는 영화가 있다. 1970년대 초 미국 노스캐롤라이나주에서 있었던 실화를 담은 작품이다. 백인과 흑인이 공존하는 마을이 배경인데, 어느 날 흑인 아이들이 다니던 초등학교에 불이 났다. 아이들을 근처의 백인 학교로 전학시켜야 했는데, 백인 학교 부모들이 반대에 나선다. 흑인 커뮤니티 대표인 시민운동가 앤은 의회에 호소하지만 묵살당한다. 의회는 백인들로 구성되어 있고, 지역 사회는 KKK 단원들에게 장악되어 있다. 그 우두머리인 엘리스는 발달 장애아를 키우면서 주유소를 운영하고 있는데, 흑인들을 너무 혐오해서 고객으로도 받지 않는다.

흑인들이 법원에 해결을 요구하자, 판사는 공청회를 통해 합의하도록 한다. 외부에서 초대된 진행자가 양쪽의 의견을 조정하려고 애쓰지만, 계속 평행선을 달린다. 그러던 어느 날 엘리스의 아들이 입원한 병원에서 부당한 대우를 받아 가족들이 고통받고 있다는 것을 앤이 알게 된다. 이에 앤은 병원에 찾아가 자신의 인맥을 동원해 문제를 해결해준다. 엘리스는 자신이 미워하던 흑인이 베풀어준 호의에 충격을 받았지만, 마음이 조금씩 움직이기 시작한다. 이후 회의장 입구에 KKK 단원들이 만들어놓은 기념품을 흑인 청소년들이 파괴하려 하자 앤은 이를 막아서는데, 엘리스가 그 장면을 우연히 목격하면서 그녀의 진심을 느끼게 된다.

이제 최종 표결의 시간이다. 흑백 동수의 8명 대의원이 공개 투표를 하는데, 마지막 투표자인 엘리스가 예상을 뒤엎고 "증오는 이제 끝났다"며 찬성표를 던진다. 그리고 KKK 회원카드까지 불태워버린다. '믿는 도끼에 발등 찍힌' 처지가 된 백인 이웃들은 그를 따돌리고 주유소 불매 운동뿐 아니라 주유소에 폭발물까지 던진다. 생계가 막막해지고 테러 위협에 시달리던 어느 날, 앤이 엘리스를 찾아온다. 그 뒤로 자동차들이 긴 행렬을 이루어 주유소로 들어오는데, 기름을 넣으려는 흑인 이웃들이다. 영화는 그렇게 끝나고 끝부분에 앤과 엘리스의 실제 모습이 나온다. 그들은 전국을 돌며 우정과 통합을 증언했다고 한다.

함께 만들어가는 '최선'

영화의 제목을 다시 본다. '더 베스트 오브 에너미즈The Best of Enemies', 적대 관계에 있는 사람들일지라도 '최선best'을 자각하고 표출하면 새로운 관계를 맺을 수 있다. 거기에는 누구나 올바른 것에 대한 갈망과 지향을 지니고 있다는 전제가 깔려 있다. 물론 정말로 '누구나'는 아닐 수 있다. 하지만 일단 그렇게 믿는 것이 좋다.

그런데 그 '최선'은 어떻게 드러나는가. 무엇이 그것을 일깨워 바깥으로 나오게 하는가. 영화에서는 우선 서로를 경청할 수 있도록 세밀하게 설계된 공간, 대화가 이뤄지는 엄격한 규칙과 그것을 이끌어주는 진행자가 있었다. 그 덕분에 당사자들이 감정의 악순환에 덜 휩쓸릴 수 있었다. '적enemy'이었던 사람들이 대화 파트너로 변모하는 계기는 거기에서 생겨났다.

그러나 그것은 필요조건 가운데 하나일 뿐이다. 충분조건은 무엇인가. 상대방과 자신에게 존재하는 인간으로서의 공통점을 확인하면서 생겨나는 유대감이다. 앤과 엘리스는 상대방의 개인적 고통(아들의 병원 사건, 학교 화재로 인한 교육의 차질)을 목격하며 변화가 시작되었다. 서로의 이야기를 듣고 공감 요소를 발견하는 과정에서 증오가 줄어들고 신뢰가 싹트기 시작했다. 처음에는 모두 상대방을 대화 상대가 아니라 적敵으로만 여겼지만, 회의가 거듭되면서 미세한 교류가 빌드업되어 결국 극적인 반전을 이끌어냈다. 가능성을 포기하지 않고 꾸준히 대화를 해나가다 보면 뜻밖의 전환점을 만날 수 있다. 전방위적으로 갈등과 대립이 중첩되고 걸핏하면 양극으로 치닫는 현대사회에서 우리에게 절실한 것은 그러한 상호 인간화의 장場이다.

광장이 그러한 공간이 될 수 있을까. 미디어 아티스트 엄지효 씨는 지난겨울 여러 집회에 참여하면서 연대는 비슷한 사람끼리만 모여 서로를 지지하는 것이 아니라는 사실을 깨달았다고 한다. 서로 다른 존재들이 다름을 인정하면서도 연결될 가능성을 실험해야 한다는 것이다. "우리는 같은 처지야'라고 말할 수 없을 때 종종 연대는 실패하곤 한다. 하지만 진정한 연대는 모두가 같은 위치에 있지 않더라도 각자의 불안정성을 인정하고 함께 살아갈 방법을 찾는 것에서 시작될 수 있다."[3]

서로의 취약함을 보듬으면서 새로운 세상을 만들어가려는 소망으로 광장을 이룬다면 보다 다채로운 목소리들이 어우러질 수 있을 것이다.

민주주의 사회에서는 "다양한 존재를 공정하게 포용할 수 있어야 한다"고 2025년 헌법재판소의 대통령 탄핵 결정문은 밝혀주었다. 사랑의 수용력을 키우면서 '우리'의 범위를 넓혀야 한다. 물론 내란 사범들은 그 죄를 철저하게 수사하고 엄중하게 처벌해야 한다. 하지만 계엄을 찬성하고 탄핵에 반대한 사람들을 모두 적대시해서는 안 된다. 지지하는 정당이 달라도 친구가 될 수 있고 공동체도 이룰 수 있는 세상에서 살고 싶다. 그것을 창조하는 씨앗을 우리 안에 심고 가꿔가야 한다. 겉으로 드러나는 차이들을 사소하게 만들 수 있는 원대한 꿈, 어이없는 공격과 비난마저 품을 수 있는 너그러움을 키워가야 한다.

에드윈 마크햄의 〈원〉이라는 시에서 그 단서를 찾을 수 있다. 원을 그려 '나'를 쫓아내고 비난까지 퍼붓는 '그'에게 '나'는 품위 있게 응수한다. "그러나 나에게는 / 사랑과 극복할 수 있는 지혜가 있었다. / 나는 더 큰 원을 그려 그를 안으로 초대했다."

평화를 이루내는 화법

"수년 동안 교회에 봉사해오면서 제가 무엇보다
두려워하게 된 죄는 확신입니다. 확신은 통합의
강력한 적이며 포용의 치명적인 적입니다. 우리의
신앙이 살아 있는 까닭은 정확히 의심과 손을 잡고
걷기 때문입니다."

_영화 〈콘클라베〉 중에서

'My Country Talks'라는 플랫폼이 있다. 2017년 독일 주간지 《디차이트》가 만든 것으로, 상반된 정치 성향을 지닌 시민들이 대화하는 장場이다. 당시 유럽에서는 이민 문제, 포퓰리즘 등으로 사회적 분열이 깊어지고 있었다. 많은 사람이 온라인 필터 버블filter bubble에 갇혀 다른 의견을 접하지 못하는 현실에서 생각이 다른 시민들을 대화의 자리에 불러 모아 사회 통합을 도모하려는 취지로 이 프로젝트가 출범했다. 첫 행사인 '독일이 말하다'에 수천 명이 참여했고, 이후 전 세계로 확산되어 수십만 명이 참여하는 국제 프로그램으로 성장했다.

대화는 두 명이 한 쌍이 되어 진행되는데, 주최 측이 마련한 질문들에 정반대로 답한 사람끼리 매칭이 된다. 독일의 경우 '난민을 더 수용해야 하는가?' '동성혼을 지지하는가?' 같은 쟁점이 제시되었다. 상대방 집단에 대한 선입견이나 부정적 감정을 지니고 있고 평소에는 거의 접촉하지도 않을 사람들이 한 테이블에 마주 앉게 된 것이다. 물론 이들은 온라인 플랫폼을 통해 사전 설명을 충분히 숙지하고 동의한 뒤 자발적으로 참여했다. 또 대화 전에 몇 가지 기본 원칙을 안내받았다.

마주 앉아 나누는 대화의 힘

대화를 통해 어떤 변화가 일어났을까? 단 한 번의 일대일 대화만으로도 편견이 크게 줄어드는 효과가 여러 연구를 통해 확인되었다. 하버드-스탠퍼드 대학 공동연구에 따르면, 상대 진영 전체에 대한 감정적 양극화affective polarization가 유의미하게 감소했다. 심지어 대화 후 실험에서 상대 진영 사람에게 금전적 이익을 더 흔쾌히 나누어줄 정도로 관용과 신뢰가 높아졌고, 함께 대화한 상대를 자기편 사람만큼 긍정적으로 바라보게 되는 변화도 관찰되었다고 한다. 또 다른 연구에서는 두 시간 남짓의 대화만으로도 상대가 '무지하고 악의적일 것'이라는 고정관념이 상당 부분 깨졌다는 결과가 나왔다.
어떻게 그런 변화가 가능했을까? 대화의 세팅이 궁금해지는데, 의외로 간단하다. 두 사람씩 짝을 지어주고 대화의 주제를 제시한 후 나머지는 당사자들에게 맡기는 것이다. 주최 측이 '두 사람의 공통점을 찾아보기' '상대 주장에 질문하기' 같은 권고사항을 주기도 하지만 대체로 자율적으로 진행된다. 캐주얼한 기분으로 이야기를 나누면서 상대방의 인간적 면모를 접하게 하기 위한 설계다. 온라인과 달리 얼굴을 마주하는 공간에서는 서로를 적이 아닌 사람으로 느껴서 편견이 줄어든다는 점에 착안한 것이다.

대화의 진행 방식은 단순하지만, 주최 측은 분위기 조성에 공을 들인다. 핵심은 '안전함'이다. 모든 사례에서 대화 규칙으로 '인신공격 금지' '경청 의무' '상대 의견 존중' 등이 명시되고, 비밀 유지나 중립적 장소 제공 등의 장치도 마련된다. 방어적 태세로 일관하지 않고 진솔하게 생각을 드러낼 수 있도록 하기 위함이다. 거기에 더해 행사의 목적이 단순한 논쟁이 아니라 갈등을 완화하고 공동의 해결책 모색이라는 점이 강조된다. 참가자들은 '우리가 왜 이 자리에 모였는지'를 의식하게 되고, 토론이 엉뚱한 곳으로 빗나가지 않도록 스스로 조율한다. 이 프로젝트는 일대일 대화라서 곧바로 사회 전체에 눈에 띄는 변화로 나타나진 않지만, 시민사회에 상호 이해와 사회적 신뢰의 토대를 다져가는 것으로 보인다.

독일에서 시작된 이 프로젝트는 한국에서도 진행되고 있다. 한겨레신문사가 사회적 협동조합 빠띠와 함께 '한국의 대화'

라는 이름으로 2023년에 출범했다. 그동안 다룬 주제들은 '인공지능의 위협 가능성' '전기요금 인상 필요성' '노키즈존의 어린이 차별 여부' '다양한 가족 구성 자유 보장' '이주민 포용 여부' '어려운 회사의 노조 파업 찬반' '남북통일에 대한 생각' '정년 연장 필요성' 등이다. 대화의 구성과 운영 방식은 앞에서 소개한 독일의 사례와 비슷하다. 지금까지 참가 인원은 100여 명 정도이긴 하지만, 나름의 성과를 내고 있다고 평가된다. 참가자들의 설문 결과에 따르면 '자신의 생각에 변화가 생겼다'고 답한 비율은 20퍼센트 이하지만, '내 의견과 다른 의견에 대해 정서적인 공감도와 이해도가 증가했다'고 답한 사람은 절반 정도이고, '생각이 다른 사람이 마주 앉아 대화할 수 있는 자리가 더 많아져야 한다고 생각한다'고 답한 사람은 70퍼센트가 넘는다.

빠띠의 권오현 대표는 어느 인터뷰에서 '한국의 대화'의 성과와 과제에 대해 이렇게 말했다. "대화가 정말 중요하고, 한국 사회에서 충분히 가능하다는 것을 확인했다. 존중과 포용, 연대와 협력의 가치를 실현할 공동체가 없어 답답했던 시민들에게 갈증을 해소할 기회였다. 다만 실험을 확장하려면 더 많은 자원과 그 자원을 움직일 힘이 필요하다. 지금은 '조롱'과 '처단'이 쾌감을 주는 '사이다 홀릭'의 시대다. 하지만 우리는 사이다만 마시고 살 수 없다. 고구마도 먹고, 물도 마셔야 한다. 건강한 대화와 공론장이 있는 '중간지대'가 더 매력적이고, 더 중요한 공간이라는 점을 양극단의 끝에 서 있는, 힘을 가진 사람들이 어떻게 동의할 수 있도록 할지가 풀어야 할 과제다."[4]

소통을 가능하게 하는 마인드셋

건강한 공론장은 성숙한 대화 능력을 통해 성립된다. 인간은 첫돌 무렵부터 말을 배우기 시작하여 세 돌쯤 되면 일상에서 웬만한 소통이 가능해진다. 그리고 고등학교를 졸업할 즈음엔 — 요즘은 문해력과 어휘력 저하가 대두되고 있기는 하지만 — 사회에서 통용되는 언어를 거의 다 이해하는 수준에 이른다. 하지만 그것이 대화 능력을 담보하지는 못한다. 나이가 많아도, 그리고 가방끈이 길어도 다른 사람과 생각을 나누는 데 서툰 사람들이 너무 많다. 조금만 의견이 달라도 부딪치고 감정적으로 충돌하기 일쑤다. 상대방을 물리쳐야 할 적으로 인식하기 때문이다. 그러한 대립이 불편해서 끼리끼리만 어울려 뭉치고 다른 집단을 악마화한다. 온라인 환경이 그러한 응집과 갈등을 가속화한다. 그럴수록 사회 안에 분단의 골이 깊어진다.

자신을 절대화하는 함정을 경계해야 한다. 스스로를 객관화하고 상대화할 수 있어야 한다. "악과 싸우되, 선을 자처하지 말라." 프랑스의 인류학자이자 레지스탕스 활동가였던 제르맨

틸리옹의 말이다. 나치에 맞서다 강제수용소에 수감되기도 했던 그녀는 정의를 위해 나서는 사람들이 도덕적 독단에 사로잡혀 복수심과 자기 정당화로 치닫지 않도록 깨어 있어야 한다고 역설했다. 정도의 차이가 있을 뿐 누구나 편견과 고정관념을 지니고 있고, 요즘에는 인공지능의 알고리즘으로 더욱 견고해지기 쉽다. 자신이 한쪽으로 치우칠 수 있고 오류에 빠질 수 있음을 받아들여야 한다. 정치학자 버트럼 그로스는 말한다. "당신 자신이 문제의 일부라는 것을 보지 못하면, 당신은 문제에 맞서 싸우는 데 방해가 되고 있는 것이다."[5]

소위 진보 진영이나 페미니즘도 당연히 예외가 될 수 없다. 2018년의 '예멘 난민' 사태를 떠올려보자. 전쟁을 피해 예멘 출신 난민 500여 명이 제주도에 입국하자, 청와대 국민청원에는 무려 70만 명이 넘는 사람이 '가짜 난민을 받아들이지 말라'고 압박했고, 거리에서는 난민 수용에 반대하는 집회가 열려 이슬람교도에 대한 노골적인 거부감이 표출되었다. 거기에는 '무슬림 난민=잠재적 성범죄자/테러리스트'라는 공포가 깔려 있었다. 그러한 반대 여론의 확산에 주축이 되었던 것은 페미니스트 연대였다. 결국 정부는 예멘을 제주 무사증 입국 국가 명단에서 제외하고 난민 심사를 강화하는 등 사실상의 유입 차단 조치를 취했다.

제주도에 정착한 예멘 난민 가운데 성범죄나 테러를 일으킨 사람은 아무도 없었고, 대부분 여러 지역으로 흩어져 난민 자격 획득을 기다리며 열심히 살아가고 있다. 따라서 당시의 공포감은 신기루에 불과했음이 분명하다. 미국발 뉴스로부터 이슬람에 대한 부풀려진 반감이 내면화되어 있었던 결과라고 볼 수 있다. 우리가 잠시 망상에 빠져 있었음을 솔직하게 인정해야 그런 실수를 되풀이하지 않을 수 있다. 인간은 누구나 미숙하고 평생 시행착오를 통해 끊임없이 배워나가야 하는 '학생'이다. 잘못이 드러날 때 기꺼이 인정하고 수정하는 지적 겸허함, 자신이 부정당하고 흔들리는 것을 받아들이는 여유. 그런 마인드셋이 정착될 때 시민사회의 공론장이 건실해진다.

그렇게 생성되는 시민적 지성은 불확실성이 점점 커지는 시대를 견딜 수 있는 버팀목이 된다. 확실한 답이나 결론으로 혼란과 모호함을 없애버리려는 '종결 욕구need for closure'를 내려놓고, 삶과 세계에 관한 '불편한 진실'들을 투명하게 응시할 수 있는 안목이 세워지기 때문이다. 절대적인 처방전이나 특정 인물에 대한 숭배에 의존하는 대신, 주어진 과제들을 하나씩 풀어가는 과정 자체에서 사회적 신뢰를 구축할 수 있다. 세상을 바꾸며 공동의 세계를 넓혀가는 유대감, 자신의 재능과 헌신으로 타인의 행복을 증진시키는 공적 행복감이 삶의 동기로 작동할 수 있다. 그렇게 되면 우리는 비로소 과도한 인정 욕망에서 해방될 수 있다. 광장에서 경이롭게 고양되는 정신도 바로 그러한 홀가분함에서 비롯되는 것이 아닐까.

두려움 시스템에서 탐색 시스템으로

영화 〈원더〉의 원작소설을 쓴 R. J. 팔라시오의 《화이트 버드》는 나치 독일을 피해 은신한 아이와 그를 돕는 이들의 이야기다. 전쟁이라는 엄혹한 상황에서도 꽃피는 친절과 용기를 유대인 아이의 시점에서 감동적으로 묘사한다. 유대인 소녀가 아빠에게 왜 사람들이 유대인을 미워하느냐고 묻는 장면이 있다. 아빠의 대답은 처연하지만 결연하다. 사람은 누구나 마음속에 사랑과 인간다움을 상징하는 빛을 가지고 있다. 그런데 어떤 사람들은 빛을 잃고 어둠에 마음을 잠식당하고 마는데, 이 때문에 다른 사람들의 마음속에서도 어둠밖에 보지 못한다. 혐오와 배제는 또 다른 혐오와 배제를 찾고야 만다. "왜 우리를 미워하냐고? 우리의 빛을 보지 못하니까. 우리의 빛을 끌수도 없고. 우리가 우리의 빛을 환하게 밝히는 한 우리는 이긴

단다. (…) 그들은 절대 우리에게서 빛을 앗아가지 못해."[6] 만약 내가 소녀의 아빠라면, 어떻게 대답했을까?

독일 뮌헨에서는 '미니 뮌헨'이라는 '작은 가설 도시'가 정기적으로 운영된다. 매년 여름방학 3개월 동안 7세에서 15세까지의 아이들이 참가해 시장市長, 의원, 시청, 은행 등을 모의로 체험하는 것이다. 온라인뿐 아니라 실제 마을 속에 도시를 만들어 구체적인 사안을 놓고 토론하고 합의해나간다. 그 과정에서 당연히 의견이 갈라지기 마련이다. 그런 상황에서 갈등이나 충돌을 어떻게 처리하고 소통해야 하는지를 배우는 '싸움 아카데미'라는 것이 있다. 싸움을 피하는 것이 아니라 싸우더라도 화해하는 방법을 익히는 프로그램이다. '미니 뮌헨'의 시민이 되려면 그 과정을 반드시 이수해야 한다고 한다.

대화의 스킬보다 중요한 것은 마음

이런 학습은 성인에게도 절실하다. 민주시민이 되기 위해서는 대화의 기술을 새로 체득해야 한다. 아이들이 처음 말을 배우듯 생소한 문법과 화법을 익혀야 한다. 그것은 혐오와 모욕에 익숙해진 마음의 습관[*]을 덜어내는 작업이기도 하다. 논쟁을 화합으로 바꾸는 지혜, 이른바 '화쟁和諍'의 정신으로 나아가는 걸음마 연습이 필요하다. 평가와 판단을 유보하고 온전히 경청하기, 반박하되 공격하지 않기, 옳고 그름을 따지되 상대의 정체성을 위협하지 않기, 진실을 말하되 벌하는 것을 목적으로 하지 않기, 내집단inner group을 결속시켜 증오와 복수심을 부추기는 공개적 비난 삼가기…. 감정 격화로 갈등을 심화하지 않고 서로 이해의 폭을 넓히고 공통분모를 찾아가는 것이 중요하다. 여성학자 정희진 씨는 이렇게 말한다. "평화는 갈등 없는 상태가 아니라 극심한 갈등 상황을 견디는 힘이다. 새로운 말의 가능성을 믿으면서, 새로운 인간성의 출현을 희망하면서 말이다."[7]

한 가지 유효한 길잡이가 바로 질문이다. 우리의 일상에서 그리고 공적인 토론에서(특히 청문회나 국정감사장에서) 상당수 질문은 상대방을 추궁하거나 몰아세우거나 어떤 답을 유도하려는 목적을 가진다. 그래서 대화를 나눌수록 긴장이 올라가고 관계가 거칠어진다. 그렇게 되지 않도록 하려면 질문의 성격을 바꿔야 한다. 내가 또는 우리가 무엇을 모르거나 놓치고 있는지를 진지하게 짚어보려는 동기에서 우러나오는 질문이어야 한다. 호기심에 찬 순수하고 부드러운(공격적이지 않다는 의미다) 질문을 던지면 대화의 분위기가 바뀐다. 구체적으로 어떤 질문일까? 분노와 증오의 굴레에서 탈출하는 경로를 제시하는 책

---

*　　《극한 갈등》의 저자 아만다 리플리는 모욕은 상대방의 힘을 키워주고 만다고 단언한다. "분열은 고착화되고, 상대 진영은 두려움과 분노로 단결하여 오히려 사기가 높아진다."[8]

《극한 갈등》은 다음과 같은 방법을 제안한다.

이 갈등에서 지나치게 단순화된 이야기는 무엇인가?

상대방의 어떤 면을 이해할 수 있다고 생각하는가?

상대방이 나를 이해해주었으면 하는 점은 무엇인가?

어떻게든 이 갈등이 해결된다면 어떤 기분일까?

아무도 제기하지 않은 질문이 있다면?

이 논란과 관련하여 아직 모르는 것 가운데 가장 궁금한 것은?

어디에서 분열이 일어나고 있다고 생각하는가?

하고 싶은 말이 있다면?[9]

매우 간단하고 쉬운 내용이지만, 생각해보면 우리는 이런 질
문들을 던져본 경험이 거의 없다. 그래서 입에 착 달라붙지 않
는다. 마치 외국어처럼 생소하다. 이제 의식적으로 배우고 익
혀야 한다. 충분하게 숙지해두었다가, 갈등의 조짐이 있거나
대립 감정이 고조될 때 꺼내서 활용한다면 크게 도움이 될 듯
하다. 그런데 이 질문들을 기계적으로 던진다면 효과가 미미할
것이다. 대화를 통해 평화로운 관계가 형성되려면 마음가짐이
달라져야 한다. 타인을 나와 동등한 존재로 존중하는 태도가
몸에 배야 한다. 그것은 의지의 문제이지만, 과학적 언어로 말
한다면 두뇌의 모드mode가 바뀌어야 한다. 신경과학에서는 인
간을 포함한 포유동물의 정서가 작동하는 원리를 '두려움 시스

템fear system'과 '탐색 시스템seeking system'이라는 상반된 개념으로 설명한다. 간단하게 그 개념을 풀어보겠다.

서로의 존재에 다가가는 대화

두려움 시스템은 위협을 감지하고 생존을 도모하는 뇌의 본능적 경보장치로서, 그 중심에는 변연계의 편도체가 있다. 편도체는 위험 신호를 포착하면 즉각 신체에 비상사태라는 신호를 보내는데, 그 결과 부신에서 스트레스 호르몬인 아드레날린과 코르티솔이 급격히 분비된다. 우리가 스트레스를 받을 때 일어나는 생리 현상이다. 이 시스템은 위험에 맞서 싸우거나(fight), 도망치거나(flight), 몸을 움츠려 가만히 있는(freeze) 등의 행동을 촉발해 생존을 돕는다. 그런데 두려움 회로가 활성화되면 논리적 판단력은 급격히 떨어지고, 오직 본능적인 방어 행동에 몰두하게 된다.

탐색 시스템은 보상과 호기심을 추구해 생존에 필요한 자원을 찾는 뇌의 동기부여 체계로서, 그 중심에는 전전두엽 피질이 있다. 이 회로는 동물이 먹이, 짝, 새로운 자원 등을 향해 적극적으로 나아가도록 에너지를 불어넣는데, 단순한 쾌락 제공이라기보다 정보를 찾고 환경을 탐험하도록 만드는 엔진에 가깝다. 탐색 시스템이 활성화되면 호기심과 긍정적 기대감이 올라오고, 그것은 목표지향적 학습과 창의적 문제 해결의 원동력이 된다. 탐색 시스템은 생존에 유리한 기회와 자원을 찾아내도록 진화한 뇌의 보편적 동기회로라고 할 수 있다.

이 두 가지 시스템은 오랜 진화의 산물로서 포유류의 생존에 반드시 필요하다. 문제는 상황에 맞지 않게 시스템이 작동하는 것인데, 주로 두려움 시스템이 그렇다. 현대사회에서는 신체가 위협받지 않는데도 이 시스템이 쉽게 가동된다. 타인들과의 상호작용에서 상대방이 보내는 신호들을 생존의 위협으로 오인하는 경우가 많다. 그래서 사소한 갈등에도 두려움이 일어난다. 의견이 충돌하거나 상대가 나를 비판할 때 뇌가 무의식적으로 '나에 대한 공격'으로 받아들이는 것이다. 그 결과 이성적 사고는 뇌의 본능적 방어 반응에 가로막혀버린다. 토론이 건설적인 방향으로 전개되지 못하고 감정적 대립으로 쉽게 변질되는 까닭이 바로 거기에 있다.

두려움이 커지면 오로지 자신을 지키는 데만 에너지를 집중한다. 타인과 세상을 경계의 대상으로 바라보기에 두려움은 반사회적인 속성을 지닌다. 그래서 종종 복수의 악순환을 일으킨다. 기계적인 정의 관념이 증오심과 결합해 끝없는 폭력으로 치닫는 것이다. 간디의 말대로 "눈에는 눈 전략은 온 세상을 장님으로 만들 뿐이다". 그에 비해 탐색의 동기가 커지면 외부에 대한 관심의 촉수가 넓고 깊게 뻗어나간다. 공감의 회로가 열리면서 타인에 대한 이해가 섬세해진다. 상대방이 나를 위협하지 않는다고 믿게 되므로, 뇌는 비로소 방어 장치를 풀고 개방적 태도로 새로운 정보를 받아들이기 시작한다. 상대의 의견이나 행동을 즉각 위협이나 악의로 단정 짓지 않고, 가능하면 호의적 또는 중립적으로 재해석할 수 있는 인지적 여력이 발휘된다. 독일의 사회학자 에른스트 디터 란터만은 이렇게 말한다.

자기조절 능력이 강한 사람은 자기감정에 쉽게 압도되거나 마비되거나 손상되지 않는다. 이들은 분명한 지향점을 가지고 감정을 조절하며 실행력을 확보하기 위해 불안함을 지우며 지루함을 호기심으로 채우려 한다. 또한 행동의 목표를 지속적으로 추구하기 위해 안팎의 방해에 맞서 자기 생각과 목적을 적극적으로 방어하는 법을 배운다. (…) 뛰어난 방향 감각을 가진 사람은 개방되고 구조화되지 않은, 끝이 불확실한 상황에서도 쉽게 적응한다.[10]

반복되는 이야기지만, 대화 상황에서 두려움이 아니라 탐구심이 활성화되려면 그 공간이 안전하다고 느껴야 한다.* 온전한 경청이 그러한 마음을 일으킨다. 경청의 힘은 무엇인가. 누군가가 내 말에 깊게 귀 기울여주면 고통, 불안, 분노, 절망 같은 부정적 에너지가 줄어든다. 내면이 고요하게 가라앉으면서 — 흥미롭게도 'listen'의 철자를 재배열하면 'silent'가 된다 — 상대방을 공격과 방어의 대상이 아니라 대화의 파트너로 느끼게 된다. 바로 거기에서 탁월한 대화 지능이 자라난다. 지금 이 순간에 깨어 있으면서 서로의 존재에 온전히 참여하는 경이로움이 펼쳐진다.

---

* 이는 발달심리학에서 말하는 '안전 기지safe base'와 일맥상통하는데, 자신이 믿고 의지할 수 있는 대상과 공간을 의미한다. 아기들이 주양육자와 충분한 애착이 형성되어 있으면, 그것을 베이스캠프로 삼아 세상을 탐험한다고 한다. 혹시 위험한 상황을 만나도 언제든 돌아가 안길 수 있는 품이 있기 때문이다. 어린 시절에 애착이 안정적으로 형성되지 못하면 어른이 된 이후에도 성숙한 인간관계를 맺어가는 데 어려움을 겪는다.

회복

───────

부정적 경험이 제거된 세계에서는 현실에 대한
질문이 제기되지 않고, 새로운 세계에 대한 탐색도
이뤄지지 않는다. 그런 점에서 '불행할 권리'는
온전한 인간으로 살아갈 권리라고 말할 수 있고,
그것을 통해 우리는 존재의 자유를 체득할 수 있다.
고통과 불행을 외면할 때 정치는 빗나가기 쉽다.
고통을 정직하게 마주할 수 있는 힘을 함께
키우는 것, 그 마음을 북돋우며 서로 기댈 언덕을
만들어가는 것이 민주주의의 미덕이다.

────────────────────────

'불행할 권리'를 찾아서

> "하지만 난 불편한 쪽을 더 좋아합니다."
>
> "우리는 그렇지 않아." 총통이 말했다.
>
> "우린 여건을 안락하게 만들기를 좋아하네."
>
> "하지만 저는 안락함을 원치 않습니다. 저는 신을
> 원합니다. 시詩와 진정한 위험과 자유와 선을
> 원합니다. 저는 죄를 원합니다."
>
> "그러니까 자네는 불행해질 권리를 요구하고
> 있군그래."
>
> "그렇게 말씀하셔도 좋습니다." 야만인이
> 반항적으로 말했다. "불행해질 권리를 요구합니다."
>
> _올더스 헉슬리, 《멋진 신세계》 중에서 [1]

1932년에 발표된 《멋진 신세계》는 기계문명의 혜택으로 번영을 누리는 인류가 자신의 존엄을 잃어버리는 모습을 해학적으로 묘사한 SF 소설이다. '멋진brave'이라는 형용사는 겉으로 완벽해 보이지만 엄격히 통제되는 세상을 냉소적으로 표현한 것이다. 이 작품은 조지 오웰의 《1984》와 함께 국가 권력의 횡포를 경고하는 20세기의 걸작으로 꼽힌다. 그런데 디스토피아의 본질이 대조적이다.《1984》가 진실을 말살하고 인민들을 두렵게 만들어 지배자에게 복종하도록 만든다면,《멋진 신세계》는 말초적 자극으로 사람들을 즐겁게 만들어 진실에 무관심하도록 유도하면서 저항 정신의 원천을 제거한다. 폭력이 아닌 쾌락으로 사람들을 통제함으로써, 반항하지 못하는 것이 아니라 반항할 필요 자체를 느끼지 않도록 하는 것이다.

작품의 무대가 되는 '세계국가'는 5개의 계급으로 구성되어 있는데, 시민들은 태어날 때부터 유전자 조작과 수면학습을 통해 자신이 속한 계급에 맞게 살아가도록 길든다. 전통적인 가족, 종교, 예술, 도덕, 과학은 모두 사라졌고 시민들은 섹스, 오락, 그리고 '소마'라는 약물에 취해 불안, 불쾌, 불만, 불행 등을 전혀 느끼지 않는다. 그리고 사유, 열정, 도전, 고통은 위협적인 요소로 간주되어 철저히 제거되었다. 모두가 같은 생각을 하고, 획일적인 소비를 한다. 야만인 구역에서 살다가 이곳으로 건너온 주인공 존은 인간다움이 사라진 문명 세계에 충격을 받는다. 이에 그 모든 것을 설계한 총통 무스타파 몬드와 언쟁을 벌인다. 앞서 인용한 대목이 드라마의 백미를 이루는 그 부분이다.

고통의 의미

나는 이 작품을 가지고 연극배우들과 함께 단막극을 만들어 여러 군부대를 순회하며 15차례 공연한 적이 있다. '아트컴퍼니 드레'라는 협동조합이 기획한 프로젝트였는데, 소설의 중요한 대목들을 추려서 배우들이 연기했고, 나는 등장인물 소개 및 토크(연극이 끝난 뒤에 캐릭터를 그대로 유지하면서 생각과 느낌을 토로하도록 구성된 시나리오였다) 그리고 작품에 대한 미니 강연을 맡았다. 소설의 문학사적 위상과 플롯을 소개하고 연극을 함께 관람한 다음 그 메시지를 정리해주는 역할이었다. 그 과정에서 나는《멋진 신세계》를 곱씹으며 그 의미를 헤아려볼 수 있었다.

가장 어려운 부분은 '불행해질 권리the right to be unhappy'라는 개념이었다(정확하게 번역하면 '불행할 권리'가 될 것이다). 누구나 불행한 상황을 벗어나려고 애쓰지 않는가? 행복에 대한 갈망이 문명을 향상시키고 역사를 진보하게 만들지 않는가? 그런데 어떻게 불행을 권리로 요구할 수 있단 말인가? 혹시 그는 마조히스트인가? 관객들에게 여러 차례 강의하면서 그 질문에 천착하게 되었고, 관련 문헌들을 참고하며 답을 찾아갈 수 있었다. 존이 요구하는 것은 인간의 모든 경험을 온전히 받아들이고 거기에서 일어나는 복잡한 감정들을 있는 그대로 느낄 수 있는 권리다. 고통, 두려움, 슬픔, 지루함, 불화, 내적 갈등 같은 것이 없다면 우리는 인간이라고 말할 수 없기 때문이다.

헉슬리가 보기에 현대사회는 고통을 회피하고 불편함을 제거하기에 급급하다. 그 결과 민주주의는 폭력이나 검열이 아니라 쾌락과 무관심으로 인해 위기에 처하게 된다. 그는 《다시 찾아본 멋진 신세계》라는 책에서 그런 우려를 정확하게 표명한 바 있는데, 현대인은 물리적인 강제 대신 기술, 광고, 대중매체, 소비주의, 조건화, 선전 조작 등을 통해 통제당하고 있다고 지적했다.[2] 시민들은 억압당하고 있는데도 알아차리지 못한다. 오히려 스스로 자유를 포기하면서 노예 상태에 들어간다. 작가가 경종을 울린 지 한 세기가 지난 오늘의 현실은 어떤가. 첨단을 달리는 디지털 미디어 환경에서 우리의 내면은 더욱 얄팍해지고 있는 듯하다.

"모두 병들었는데 아무도 아프지 않았다"고 이성복 시인은 썼다. 행복에만 가치를 두는 사회에서는 고통을 회피하기에 급급하고, 고통의 의미를 무시하게 된다. 고통을 통해 성장하고 다른 사람들과 더욱 깊게 연결될 수 있는 통로가 좁아진다. 고통은 각성, 창조, 저항의 원천이다. 예술, 철학, 혁명, 연대는 고통에서 출발하는 경우가 많다. 부정적 경험이 제거된 세계에서는 현실에 대한 질문이 제기되지 않고, 새로운 세계에 대한 탐색도 이뤄지지 않는다. 그런 점에서 '불행할 권리'는 온전한 인간으로 살아갈 권리라고 말할 수 있고, 그것을 통해 우리는 존재의 자유를 체득할 수 있다. 고통과 불행을 외면할 때 정치는 빗나가기 쉽다.

괴로운 마음, 문제는 뇌보다 사회에 있다

고통과 불행을 제대로 다루지 못하게 하는 또 다른 상황이 있다. 영국 의료인류학자 제임스 데이비스는 《정신병을 팝니다》라는 책에서 '고통을 이해하는 문화'에 일어난 거대한 변동이 정신건강 위기의 근본 원인이라고 진단한다. 핵심은 사회적인 원인으로 생겨난 고통이 부당하게 의료화되고 심리학화되는 것이다. 정신질환을 오직 뇌의 병리로만 보면서 약물치료에만 집중할 때, 정신적 고통이 일어나는 폭넓은 맥락이 무시되어버린다. 고통을 개인화하고 상품화하는 가운데 그것을 통한 정치적 연대의 가능성은 축소되어버린다.

데이비스는 "이제 고통은 적극적인 변화를 향한 강한 요구이건, 유해하거나 트라우마적인 상황에 대한 유기체의 저항이건, 어떤 식으로도 잠재적으로 변혁적이거나 교육적인 무언가로 여겨지지 않는다"고 말한다.[3] 각자의 고통은 각자에게 고유하며, 그에 대응하는 '나만의' 해법을 구하기 위해 사람들은 시장을 만들고 소비를 부추기는 것이 오늘날 우리 사회다. 마음의 병은 마음에서 비롯되지 않는 것이 아닐까?

한국인들은 우울증이나 공황 장애 같은 어려움을 겪어도 웬만해서는 병원을 찾지 않는다. 그리고 통원 치료를 받고 있어도 '정신질환자'로 낙인찍힐까 봐 그 사실을 숨기는 경우가 많다. 다행스럽게 '정신과'라는 명칭이 주는 거부감을 고려해 '정신건강의학과'로 바꾼 후에는 긍정적인 변화가 일어나고 있기는 하다. 국가나 지방정부에서도 도움이 필요한 이들에게 전문적 서비스를 제공한다. 그러나 마음의 괴로움을 모두 의학적 처치로 해결할 수 있다고 주장하거나 기대해서는 안 된다. 지금 시대에는 신체적 질환조차 고립이나 불평등의 차원에서 접근하고, 사회 체제를 개선하고 삶의 조건을 바꾸는 것이 의료행위 못지않게 중시되고 있다. 그렇다면 정신적 질환은 더 말할 것도 없다.

한국에서 《도둑맞은 집중력》이라는 책으로 잘 알려진 요한 하리는 우울증에 대한 서사가 생물학적 원인에 치우쳐 있다고 지적하면서 다음과 같이 말한다. "문제는 세로토닌이 아니다. 문제는 사회다. 문제는 당신의 뇌가 아니다. 당신의 고통이다." 고통의 원인을 뇌와 '화학적 불균형'이 아니라 '권력의 불균형', 즉 '사회적이고 영적인 불균형'으로 돌릴 필요가 있다는 것이다.[4]

요한 하리의 관점은 지금 점점 심각해지는 마약 중독에 대한 논의에서 명료하게 드러난다. 그는 중독을 단순히 약물 자체의 화학적 작용이 아니라, 심리적 고통과 사회적 단절에 반응하는 방식이라고 본다. 자본주의 시스템은 개인의 고립을 심화시키고, 점점 더 많은 소비와 약물 사용을 유도하고, 그 과정에서 사회적 통합과 연대가 약화된다는 것이다. 따라서 "중독의 반대말은 금욕이 아니라, 연결"이고, 자본주의 구조가 만들어낸 중독 생산 환경에 맞서 사회적 재연결과 공동체 기반 해

결책의 중요성을 강조한다.[5]

심리 치료나 중독 치료는 매우 중요하고 많은 사람에게 도움을 준다. 다만 그것이 고통을 탈정치화하지 않도록 유념해야 할 것이다. 고통의 정치적 맥락을 드러내야 한다. 한편으로는 고통이 발생하는 상황을 구조적으로 밝혀야 하고(물론 모든 고통이 구조적 모순에서 비롯되는 것은 아니다), 다른 한편으로는 고통을 줄이거나 견디거나 극복하는 실천에 시민들이 연대할 수 있어야 한다. '불행할 권리'는 타인의 불행에 함께할 의무와 맞물려야 한다. 고통을 정직하게 마주할 수 있는 힘을 함께 키우는 것, 그 마음을 북돋우며 서로 기댈 언덕을 만들어가는 것이 민주주의의 미덕이다.

고통으로 마음이 부서질 때

"양극단을 피해야 합니다. 고통에 완전히 사로잡혀도
안 되고, 온갖 것에 정신이 팔린 나머지 치유해야 할
상처에서 멀어져서도 안 되지요."

_ 헨리 나우웬

대학생 시절에 두 차례 병원에 입원한 적이 있다. 6인실에서
열흘 정도 머물렀는데, 요즘의 입원실과 사뭇 다른 분위기였
다. 휴대폰이 없었던 시절인 데다가 병실에 텔레비전이 없었기
때문에 환자나 보호자들 사이에 많은 대화가 자연스럽게 오갔
다. 지금 어디가 아픈지, 그동안 어떻게 살아왔는지 이야기하
면서 마음을 나눌 수 있었다. 질병이나 사고로 인해 겪고 있는
고충이 서로를 이어주는 끈이었던 것 같다. 상부상조의 손길도
오갔는데, 병문안을 온 교회 친구들이 옆 병상의 환자를 위해
헌혈해주기도 했다. 말하자면 입원실은 서로의 손을 잡아주고
격려하면서 회복의 힘을 키우는 공간이었다. 자신의 고통과 취
약함을 숨기지 않으니 상대방을 이해하는 통로가 열릴 수 있
었다.

고통을 처리하는 나쁜 방식들

인간은 마음의 고통이 많은 동물이다. 인류는 오래전부터 전쟁을 벌였고, 대부분의 사회에서 학대와 범죄, 차별과 억압, 착취가 끊이지 않았다. 그리고 20세기에 들어와서는 우울증, 불안 장애, 공황 같은 정신질환이 급증했다. 현대사회에서 고통은 확실한 기본값이 되어버린 듯하다. 그렇다면 우리는 고통에 어떻게 대응하는가? 그것을 지혜롭게 다루고 있는가? 유감스럽게도 그렇지 못한 경우가 훨씬 많아 보인다. 인간이 고통을 잘못 처리하는 방식을 몇 가지 유형으로 나누어 생각해보자.

첫째, 고통에 짓눌리고 매몰된다. 우울의 늪에 자기를 가두고 부정적인 생각의 회로를 계속 돌린다. 상처와 자기를 동일시해 피해자 정체성으로 살아가고, 상처를 후벼 파면서 자기를 학대하기도 한다. 스스로에게 이른바 '두 번째 화살'을 쏘면서 '2차 가해'를 하는 것이다. 물론 재난이나 폭력 등으로 인한 트라우마처럼 정신적으로 엄청난 외상을 입은 경우에는 헤어나기가 무척 어렵다. 도저히 감당할 수 없는 정도의 충격과 상처는 인간을 파멸시키기 쉽다. 전문의의 도움을 받아 치료해야 한다. 그런 경우가 아니라면 지금 자기를 비난하고 미워하거나 아니면 자기 연민에 사로잡혀 고통의 노예가 되고 있지 않은지를 우선 점검해야 한다.

둘째, 고통을 부정하거나 괴로운 감정을 억누른다. 그런 것이 없다는 듯 눈을 감아버리고 애써 무시하는 것이다. 슈퍼에고가 너무 강한 사람은 자신에게 과도한 기준을 강요하면서 고통을 이겨내고 있다고 착각할 가능성이 크다. 체제에 순응하는 모범생으로 성장하면 그렇게 되기 쉽다. 어머니는 끝없이 헌신해야 한다는 생각, 장녀(또는 장남)나 맏며느리로서 집안의 문제를 오롯이 떠안아야 한다는 책임감 같은 것이 강박처럼 작동할 수 있다. 물론 내면의 그릇이 크고 단단해서 감당할 수 있으면 괜찮지만, 사회적 요구와 타인의 평가 때문에 자기를 희생시키는 것은 결코 건강한 선택이 아니다. 그러한 억압은 고통을 더욱 키울 수 있고, 누적된 응어리가 갑자기 폭발해 제어가 어려워질 우려가 있다.

셋째, 다른 것으로 주의를 돌리면서 고통을 회피한다. 현대 사회에서는 그렇게 하기가 매우 쉬운데, 감각적 쾌락에 사로잡히게 만드는 도구와 장치들이 가득하기 때문이다. 신종 마약 물질이 계속 쏟아지는 와중에 값도 계속 저렴해질 뿐 아니라 구입 경로도 점점 짧아진다. 술과 담배, 자극적 음식도 넘쳐나고, 쇼핑이나 도박 중독도 흔하다. 무엇보다도 미디어 환경이 도파민을 끊임없이 분비시킨다. 하지만 그러한 도피는 고통을 잠시 잊게 할 뿐 고통은 그대로 남아 있거나 더 악화할 확률이 높다. 물론 가벼운 스트레스라면 음주나 유튜브 시청 등으로 가볍게 기분을 전환하면서 넘어설 수 있다. 지금 겪고 있는 고통이 어느 정도인지를 잘 가늠해야 한다.

넷째, 자신의 고통을 엉뚱한 사람들 탓으로 돌리면서 그쪽에 분풀이한다. 직장에서 쌓인 울분을 가족을 향한 — 드물지만 반려동물이 대상이 되기도 한다 — 짜증과 분노로 터뜨리는 사람들이 여기에 해당한다. 보다 일반적인 것은 특정 집단을 차별하고 혐오하는 마음인데, 소수자나 외국인을 배제하거나 지배함으로써 자신의 우월함을 드러내고 존재감을 확인하는 행태로 나타난다. 그것은 사회적 갈등의 악순환을 일으키게 마련이고, 자칫 폭력으로 비화할 수도 있다. 이에 대해서는 앞서 2장에서 극우의 발생과 확장 메커니즘을 다루며 논의한 바 있다.

이상 네 가지는 모두 바람직하지 않다. 그렇다면 고통을 지혜롭게 다루는 방식은 무엇일까. 고통을 있는 그대로 응시하고 수용하는 것이다. 수용은 체념이 아니다. "예" 하면서 수긍하고 삶의 과제로 끌어안는 것이다. 고통의 한가운데로 걸어 들어가는 것이다. 매우 능동적인 태도가 깔려 있다. 그렇게 적극적으로 받아들이면 뜻밖의 변화가 일어날 수 있다. 고통의 본질이 바뀌는 것이다. 이 과정을 통해 내면의 성장이 일어나고 존재가 확장된다. 미국의 교육 사상가 파커 파머는 새로운 영감을 준다. 고통에도 '불구하고'가 아니라 '때문에' 내면의 성숙을 이룰 수 있다는 비밀을 알려준다. 그는 이 과정을 고통으로 마음이 부서져 조각난(broken apart) 것이 아니라 부서져 열린(broken open) 것이라고 설명한다(이와 관련해서 부록 '민주주의를 지탱하는 마음' 참조).[6]

서로를 돌보는 마음의 생태계

고통으로 마음이 부서져서 조각나버리면 그 파편은 타인 또는 자기를 해치는 흉기가 되기 쉽지만, '부서져 열리면' 타인과 자기를 친절하게 맞아들일 수 있다는 말이다. 〈케이팝 데몬 헌터스〉 마지막에 나오는 노래 〈What It Sounds Like〉의 가사가 떠오른다. "산산이 부서진 나, 돌이킬 수 없어. 하지만 깨진 유리 조각들 그 안에 담긴 아름다움. 상처는 나의 일부, 어둠 그리고 조화. 거짓 없는 내 목소리, 여기에 울려 퍼져."

한강 작가의 작품 세계도 일맥상통한다. 스웨덴 한림원이 한강 작가에게 노벨 문학상을 수여하면서 발표한 선정 이유를 떠올려보자. "역사적 트라우마에 맞서고 인간 삶의 연약함을 드러내는 강렬한 시적 산문intense poetic prose that confronts historical traumas and exposes the fragility of human life." '연약함'은 'fragility'를 번역한 단어인데, 정확한 의미는 '깨지기 쉬움'이다. 우리의 삶은 별것 아닌 것으로 인해 부서지기 일쑤다. 그래서 늘 두렵고, 돈이나 권력으로 위세를 부리며 그것을 은폐한다. 그런데 예술은 다른 접근을 일깨워준다. 한강의 작품은 인간의 취약함을 섬세하게 드러내고 그를 통해 거대한 폭력에 맞설 수 있도록 용기를 불어넣는다.

《작별하지 않는다》에서 주인공의 친구는 자기 어머니의 경험을 들려준다. 어릴 때 가족이 모두 학살당하고 이모할머니와 어머니만 살아남았는데, 두 분이 어느 운동장에서 시신을 찾던 장면은 스산하면서도 애절하다. 시신이 포개진 그곳에는 간밤에 눈이 내려앉았다. 눈을 감은 얼굴들 위로도 눈이 내려 분간할 수 없었다. 이모할머니는 손수건으로 얼굴 위 눈송이를 닦아내야 했다. 그러면서 어머니에게 말했다. 나는 닦을 테니, 너는 잘 보라고.[7] 이것이 작가의 메시지일 것이다. 고통스러운 세상이지만 직시해야 한다는 것. 잘 볼 수 있으려면 이물질을 닦아내야 한다는 것.

중편 소설 《여수의 사랑》에서도 치유의 서사를 만날 수 있다. 주인공인 정선과 자취방 동료인 자흔은 모두 여수에 대한 고통스러운 기억을 몸에 지니고 서울에서 살아간다. 그런데 트라우마의 후유증으로 결벽증과 구토에 시달리는 정선은 여수를 외면하지만, 자흔은 상처를 정면으로 마주하면서 그 공간을 사랑하고 동경한다. "모든 것에 지쳤으나 결코 모든 것을 버리지 않은 것 같은 무구하고도 빛나는 웃음"으로 "희망 없이 세상을 긍정"[8]하는 자흔의 모습이 정선에게는 신기할 따름이다.[*] 어느 날 자흔은 홀연히 여수행 기차에 몸을 싣고, 정선도 그 뒤를 따라간다. 그녀가 여수역에 내리자 비바람이 쏟아지는데,

[*] 자흔의 한자는 '自欣'으로 '스스로 기뻐하다'라는 뜻이지만, '흉터'라는 뜻의 동음이의어 '疵痕'도 중첩된다. 성장 과정에서 받은 흉터를 똑바로 응시하면서 하루하루를 담담하게 견디며 나아가는 힘을 암시하는 이름이다.

그 장면이 소설의 마지막 문장으로 묘사된다. "키득키득, 한옥식 역사의 검푸른 기와지붕 위로 자흔의 아련한 웃음소리가 폭우와 함께 넘쳐흐르고 있었다." 두 사람에게 과거의 상처였던 여수는 이제 치유의 공간으로 바뀌어간다.

누구에게나 스스로 회복할 힘이 있다. 하지만 혼자서는 절망의 심연으로 빨려 들기 쉽다. 상처를 응시하면서 또 다른 나를 만나기 위해서는 곁에 머물러주는 누군가가 필요하다. 어두운 기억을 이야기로 풀어내고 그것을 주고받으면서 생겨나는 공감과 연민의 유대 말이다. 폭력의 악순환을 끊어내기 위해서는 자기를 보살피며 서로를 돌보는 마음의 생태계가 자라나야 한다. 그렇게 우리는 고통을 억누르지 않고, 다른 곳으로 도피하지 않으며, 그렇다고 거기에 매몰되지도 않고, 특정 집단을 탓하며 증오하지도 않을 수 있다. 생명이 깃드는 자리가 거기에서 열린다. "치료제는 이미 고통 속에 있다. 그저 고요히 깊게 바라보기만 하면 된다. 그러면 그 치료제가 언제나 거기에 있었음을 깨닫게 된다"(아메리카 선주민의 격언).

사회적 유대와 치유

한국의 자살률은 오랫동안 세계 최고 수준을 기록하고 있다. 자살을 줄이려면 그 원인을 제대로 규명해야 하는데, 워낙 많은 변수가 복잡하게 얽혀 있어서 쉽지 않다. 일본에서 진행된 자살에 관한 매우 흥미로운 연구가 있다. 일본 정보·시스템 연구기구 통계수리연구소의 오카 마유미 교수가 일본 내에서 자살률이 상대적으로 매우 낮은 도쿠시마현 가이후초(현 가이요초)를 '자살 희소 지역'이라고 명명하고, 4년간 현지 조사 후 다섯 가지 요인을 밝혀냈다.[9] 이는 자살 예방책을 마련하고 삶의 질을 높이려면 무엇에 유념해야 하는지를 암시한다. 책의 내용을 요약하면 아래와 같다.

1. 다양성을 존중한다. 대개의 농촌은 '동조 압력'이 강해서

서로 눈치를 보지만, 이곳의 분위기는 다르다. 예를 들어 이 지역은 학교에 장애 학생 특별지원학급을 설치하는 데 반대가 많았는데, 교실에서 여러 개성을 가진 학생들이 어울리기를 바라기 때문이었다. 그리고 이 마을에는 생면부지의 사람을 이웃처럼 신뢰할 수 있다는 사람이 많다. 배타적인 성향이 적은 것이다.

2. 지위나 학력, 가문의 배경 등을 중시하지 않는다. 외지에서 이주해 온 사람이라도 능력만 있으면 리더로 발탁한다. 영역의 텃세에도 집착하지 않는다. 교육계 경험이 없는 사람이 교육감에 선출된다거나 민간인이 공립학교의 교장으로 채용된다. 마을의 상호부조 조직에서도 연장자가 거드름을 피우지 않고 손아래 사람의 의견이라도 타당하면 즉각 받아들인다.

3. 주민들이 자기 효능감이 강하고 주체적으로 사회활동에 참여한다. '자기의 행동으로 국가나 사회를 바꿀 수 있다'고 생각하는 청년이 73퍼센트인데, 이는 일본인 평균인 27퍼센트보다 훨씬 높다. 실제로 많은 주민이 정치에 참여하고, 스스로 지역을 바꾼다는 자세로 행정에 요구한다. 그들은 권력자를 두려워하지 않고, 단체장이 장기 집권 하지 못한다.

4. 어려움이 있으면 스스럼없이 드러내고 도움을 청한다. 질병, 가정 내 갈등, 사업 부진 등을 밝히면 주변 사람들이 도와준다. 터놓고 나누다 보면 묘안을 알려주는 사람이 나타나기도 하고, 구체적인 도움을 받을 수도 있다. 돌이킬 수 없는 사태에

이르기 전에 주변 사람들과 의논하는 것이 이 마을의 문화다.

　5. 주민들이 느슨한 유대를 맺고 있다. 물리적인 밀집도와 주민들의 접촉 빈도는 높지만, 인간관계는 '방임주의'여서 필요할 때만 도움을 주고받는다. 상호부조 조직의 가입과 탈퇴도 자유롭다. 입회하지 않았다고 해서 불이익을 당하지 않으며, 여러 네트워크가 있어서 한쪽에서 답답함을 느끼면 다른 쪽에서 숨통을 틔울 수 있다.

　자살은 고통의 극단에서 일어나는 비극이다. 그런데 사람들 사이에 관계망이 활성화되어 있으면 고통이 원천적으로 작아진다. 다양한 사람들로부터 신뢰와 지지를 받을 수 있으면, 역경에 부딪혀도 돌이킬 수 없는 선택을 할 가능성이 줄어든다. 따라서 자살에 대한 아주 확실한 예방책 가운데 하나는 사회적 유대를 도모하는 것이다. (다만 언급한 사례에서 확인되듯, 서로 강하게 묶이는 것이 아니라 느슨하게 연결되는 편이 좋다. 서로에게 관심과 애정을 가지면서도 적절한 거리를 지키고 개별성을 존중받는 분위기가 중요하다.) 더 나아가 그것을 기반으로 현실을 바꿔가거나 새로운 경험을 창출하는 것이다. 뜻을 모으고 힘을 합쳐서 세상을 움직일 수 있다는 정치적 효능감이 곤고하고 왜소한 삶을 고양시켜준다. 공동체를 기반으로 권력을 창출해 더 나은 삶의 여건을 만들어가는 것이 정치의 본연이다.

정치로 치유가 될 때

많은 시청자의 심금을 울린 넷플릭스 드라마 〈폭싹 속았수다〉에 유대의 힘을 확인할 수 있는 부분이 나온다. 주인공 애순을 지켜주는 해녀 공동체 말이다. 애순의 엄마 광례가 어린 딸을 남기고 세상을 떠난 후 해녀 이모들(제주에서는 '삼춘'이라고 부르는데, 부모 세대의 어른을 통칭하는 말이다)은 애순을 부모처럼 보살펴준다. 그리고 애순이 성장하면서 사회적 약자로서 부당한 일을 종종 겪게 되는데, 그때마다 나서서 변호해준다. 애순은 초등학교 때 매우 똑똑하고 공부도 잘했지만 가난해서(엄마가 담임 교사에게 촌지를 건네지 못했다) 차별을 받았고 여자아이라는 이유로 부반장밖에 하지 못했다. 그런데 어른이 되어서도 그와 똑같은 이유로 마을의 어촌'부'계장에 머물러야 했다. 그러자 해녀 이모들이 힘을 모아 선거판을 뒤집어 전국 최초의 여성 계장을 탄생시킨다.

이러한 이야기는 아득한 신화처럼 느껴질 수 있다. 단절과 소외가 갈수록 심해지는 현대사회에서 고립된 개인들이 사회적 유대로 나아가는 길은 너무 좁고 울퉁불퉁하기 때문이다. 타인에 대한 막연한 두려움과 경계심, 손을 잡으면 더 커다란 세계가 열릴 것이라는 믿음의 부재가 걸림돌이다. 그런데 이러한 무의식적 통념은 의외의 상황에서 깨질 수 있고, 그 가운데 하나가 시민 정치의 광장이다. '윤석열퇴진을위해행동하는청년들'이라는 단체가 2025년 1월에 '왜 광장에 나오셨나요?'라는 기획 설문 프로젝트를 진행한 바 있다. 10~30대 청년에게 '가장 기억에 남는 집회 장면'을 묻는 주관식 문항이 있었는데, 그 가운데 다음과 같은 진술이 있었다.[10]

최근 뉴스를 보면, 사람을 함부로 믿어선 안 된다고 합니다. 그 탓에 불안이 높아지고 타인에 대한 신뢰가 낮아졌습니다. 그러나 광장에 나와 연대하는 순간, 실제 세상은 다르다는 걸 느꼈습니다. 사방에서 얼굴도 이름도 모르는 이들을 위해 음식과 필수품이 쏟아집니다. 혹 건강이 나쁜 사람이 없나 살펴봅니다. 바닥났던 신뢰가 다시금 생겼기 때문일까요, 몇 번이고 집회에 나오고 싶다는 생각입니다.

저는 주로 은둔하며 살아서 사람들과 말하는 게 어려웠습니다. 바깥에 나가도 제게 말을 거는 사람이 없었고, 저도 사람들에게 말을 걸지 않았어요. 그러나 집회에, 광장에 나간 뒤부터 사람들과 말하는 것, 먼저 말을 거는 것이 기꺼워졌습니다. 최근에는 옆자리에 계신 분이 신문지만 깔고 앉으시길래 제가 가져온 크고 두꺼운 담요를 함께 깔고 앉자고 제안하기도 했습니다.

시위는 부당한 권력에 저항하고 삐뚤어진 현실을 바로잡기 위한 운동이다. 하지만 그것은 단지 도구적인 행위에 머물지 않는다. 시민들 사이에 소중한 만남이 이루어지기 때문이다. 마찬가지로 정치는 고통을 줄이거나 제거하는 수단이지만, 거기에 주체로 참여하는 것 자체로 치유의 경험이 될 수 있다. 트라우마 치료에서도 최종 목표는 사회적 연결의 복구라고 한다. 타인과 인격적 관계를 맺고 거기에서 공유되는 언어로 고통을 명명하고 의미를 부여함으로써, 고통에 직면하는 힘을 얻을 수 있다. 그렇게 내러티브를 도출하고 나누는 예술 활동이 '정치적 소시오 드라마'라는 장르로 구축되어 있다.[11]

심각한 트라우마까지는 겪지 않았다 해도 누구나 크고 작은 상처를 지니고 있다. 그것을 치유하기 위해서는 마음을 꾸준히 돌보면서 훈련해야 하고, 시민으로 성장하는 과정은 그런 변화를 수반한다. 시민운동가 유창복 씨는 말한다. "시민(주민)은 '친밀한 관계親密圈, intimate sphere' 속에서 쉽게 등장하고, '공공적인 공론'의 과정公共圈, public sphere에서 성장한다."[12] 다양한 사람들이 여러 입장과 의견을 드러내고 토론하면서 합의해가는 공론장에서 우리는 '더 나은 사람'이 되어갈 수 있다. 부드러우면서도 단단한 내면으로 공동체를 함께 빚어갈 수 있다. 철학자 누스바움은 사랑을 "인간에 대한 존중에 생명력을 불어넣는 것"[13]으로 정의했는데, 그런 힘이 솟아오르는 공간에서 우리는 존재를 향유하게 된다. 바로 그것이 민주주의의 놀라운 연금술이다.

함께 울며 춤추는 한판 축제

2025년 개봉한 영화 〈바다호랑이〉는 세월호 참사 후 바다에 뛰어들어 실종자들의 유해를 수습한 민간 잠수사들의 이야기이다. 고故 김관홍 잠수사를 모델로 설정된 주인공 나경수는 침몰한 선체 내부에서 시신을 찾아 끌어안고 올라오는 일을 무리하게 한 결과 심각한 잠수병으로 고통받는다. 게다가 희생당한 학생들이 등장하는 악몽에 시달려 매일 밤 수면제와 술에 기댄다. 그러던 어느 날 어이없는 소식을 접한다. 함께 구조 활동을 하던 잠수사 한 명이 목숨을 잃는 사고가 있었는데, 법원이 민간 잠수사 대표였던 류창대에게 그 책임을 전가하면서 과실 치사 혐의로 기소했다는 것이다. 긴급 사태에 뒷짐 지고 있던 국가를 대신해 바다에 몸을 던졌건만 상을 주기는커녕 범죄자로 취급하는 상황에 환멸과 분노를 느끼지 않을 수 없었다. 이에 나경수는 류창대의 무죄를 입증하기 위해 증인석에 선다. 그 자리에서 그는 구조 과정의 고통스러운 기억을 낱낱이 끄집어낼 수밖에 없었다. 그 처절한 장면을 이 영화에서는 연극 무대 같은 세트장에서 푸른 조명과 배우의 몸짓만으로 재현한다.

이 작품의 백미는 〈당신은 결코 혼자 걷지 않으리〉라는 제목의 주제가다. '폭풍우가 몰아쳐도, 황금빛 하늘이 보이지 않아도, 희망을 품고 걸어가라. 당신은 결코 혼자가 아니다'라는 내용의 가사가 담긴 이 노래는 1945년 미국 뮤지컬 〈회전목마〉에 삽입되었다가 1960년대 영국 프리미어리그 축구팀 리버풀 FC의 응원가로 채택되었다. 그리고 1989년 힐즈버러 경기장에서 일어난 압사 사고의 희생자들을 기릴 때 추모곡으로 불리면서 널리 알려졌다. 영화 속에서 주인공의 변호사는 리버풀의 열성 팬으로, 힐즈버러 사고의 진상이 은폐되다가 유가족들의 끈질긴 노력으로 27년 만에 경찰의 과실이 인정된 사실을 나경수에게 알려준다. 이 곡은 잠수사들 사이의 끈끈한 유대와 그들을 위해 온전히 헌신하는 변호사의 마음을 상징한다. 또, 이 노래를 즐겨 부르며 뮤지컬 배우를 꿈꾸던 한 여학생이 세월호에 갇혀 희생되었는데, 그 어머니와 주인공을 연결하는 모티프가 되기도 한다.

"당신은 결코 혼자가 아니다." 이 한마디가 절실한 사람들이 있다. 살다 보면 누구나 뜻밖의 사고나 중한 질병 같은 불행한 일을 당할 수 있는데, 그런 고통의 늪에 빠지면 다른 사람들과 단절되기 쉽다. 비통함과 우울 가득한 마음의 감옥에 갇혀버린다. 세월호나 이태원 참사나 가습기 살균제 사건 같은 사회적 재난의 경우 책임을 회피하는 국가 권력과 대기업 앞에서 무력감에 시달리게 된다. 게다가 유가족을 비난하고 조롱하는 목소리까지 들려오면 속절없이 무너지고 인간에 대한 환멸로 치가 떨릴 것이다. 누구도 자신의 절규에 귀 기울여주지 않는 듯한 상황, 아무리 외쳐도 싸늘한 무관심의 벽에 막혀버리는 세상에서 고통은 가중될 수밖에 없다.

화해하는 공동체의 영성

전통사회에는 이웃의 고통을 나누고 위로하는 문화적 장치들이 있었다. 주로 종교가 그 역할을 담당했는데, 굿이 대표적이다. 굿의 핵심 덕목 가운데 하나가 해원상생解冤相生이다. 가슴에 맺힌 응어리를 풀고 갈등을 치유하면서 삶의 애환을 나누는 것이다. 굿에는 종교적 요소와 놀이적 요소가 함께 들어 있어서 모여든 사람들이 하나로 어우러질 수 있었다. 말하자면 치유와 사회 통합을 동시에 꾀하는 마을 축제였다. 한을 달래고 흥을 돋우는 가운데 이웃이 하나가 되고, 차별받고 억눌린 사람들의 설움도 해소되고 승화된다. 무속의 미덕은 평화로운

세상을 향한 열린 유대, 고통을 딛고 일어서 더 큰 존재로 나아
가는 신명이다. 제주에서는 4.3의 국가 폭력 피해에 대해서도
'무교'(한국의 무속신앙을 타 종교와 대등한 종교 현상으로 인식할 때 사
용하는 명칭)가 손을 내밀었다. "(제주 무교는) 희생자들의 무고함
을 밝히고 생존자들의 고통을 노출하여 치유하는 데 목적을
둔다." 그 현장을 오랫동안 연구해온 문화인류학자 김성례 교
수의 말이다. 국가의 반공 이데올로기에 맞서는 민중의 대응으
로 무교를 해석한 것이다.[14]

언제부터인가 굿은 그러한 정신이 쇠퇴하고 개인의 복福과
행운만 갈구하는 푸닥거리로 변질되었다. 클라이언트의 고통
에 온전히 동참하기보다는 외형적 엑스터시를 흉내 내면서 이
득을 취하고 혹세무민하려는 무당들이 늘어났다. 천지인의 조
화와 회복을 꾀하지 않고 사적 욕망을 추구하는 폐쇄 회로에
갇힐 때 무속은 음흉한 미신과 사교邪敎가 된다. 이에 더해 윤
석열 정권에서는 권력에 대한 무한 집착이 결합되어 공공 영
역을 망가뜨리는 데 가담했다. 아무개 법사들이 국정을 좌지우
지하고 대통령 후보가 손바닥에 '王' 자를 새기고 토론회에 나
왔던 장면은 주술에 휘둘린 정치의 자화상이었다.

주술이란 무엇인가. 종교와 어떻게 다른가. 교과서적으로 말
하자면 종교는 초자연적 존재에 대한 믿음과 숭배인 반면, 주
술은 초자연적인 힘을 직접 조작하거나 통제해 특정 결과를
얻으려는 시도다. 종교사회학자 정태식 교수는 더욱 흥미롭게

설명한다. "종교의 목적 자체는 비합리적이다. '구원'이나 '해탈'을 이성으로 알 수 없다. 반면 수단은 합리적이다. 타인과 나누고, 사랑하는 행동이 그렇다. 주술은 목적이 합리적이다. 돈 많이 벌고 권력을 잡으려는 건 합리적이다. 그러나 수단은? 굉장히 비합리적이다. 목적 달성을 위해 어떤 일을 할지 예측하기 어렵다."[15] 개인적으로 점을 보는 정도의 주술은 심심풀이로 행해질 수 있고, 점점 불안해지는 현실에서 심리적 위안도 받는다. 하지만 권력자들이 주술에 의지하면 공적 세계가 파탄 난다.

종교로서의 굿을 회복해야 한다. 핵심은 공동체와 치유다. 고립무원의 지경에 놓여 있는 사람들이 점점 많아지는 지금, '곁이 되어줄' 이웃들을 곳곳에 불러 모아야 한다. 억울하게 고통받는 이들이 몸부림칠 때, 함께 울어주는 자리를 넓게 펼쳐야 한다. 다행히 그런 위로와 치유의 소중한 전승은 면면히 이어져왔다. 예를 들어, 1987년 이한열 열사 영결식에서 서울대학교 이애주 교수가 살풀이춤을 추며 그의 죽음을 애도한 바 있다. 그리고 세월호 참사 당시 전남 진도에서는 전통 굿인 진도씻김굿을 통해 304명 희생자의 넋을 달래며 유족과 국민의 슬픔을 나누었고, 이후 여러 장소에서 진혼鎭魂과 위로의 의례가 되풀이되었다.

'More than Sad − 단순히 슬픈 것 이상인 상태에 대해 이야기하는 시간.' 교육부 산하 학생정신건강지원센터에서 내놓은 애도 교육 매뉴얼의 제목이다. 청소년기에 뜻밖의 사별을 겪을 때, 그 비통함을 다루는 방법을 배워야 한다. 그런데 그동안 학교는 책임을 방기했을 뿐 아니라 애도의 기회마저 박탈하기도 했다. 나의 친구 한 명은 고등학교 3학년 때 급우가 자살했는데 담임 교사가 입시 준비에 전념할 때라면서 그 사건을 언급조차 하지 못하도록 단속했다고 한다. 졸업 후에는 동창생들과 관계가 모두 끊어졌다고 한다. 흘려보내지 못한 슬픔이 응어리가 되어 마음의 벽이 된 것이 아닐까. 억눌린 감정이 정화되지 않은 채 떠돌다 보면 세상을 파괴하는 에너지로 결집되기도 한다. 애도의 인지상정을 거세시키는 것은 그래서 위험하다.

굿 마당이 곳곳에서 펼쳐져야 한다. 물론 전통적인 의례에 얽매일 필요는 없다. 연민compassion이 일어나고 공감이 꽃피우는 자리는 다양한 문화 형식으로 실현될 수 있다. 중요한 것은 마음의 움직임이다. 삶과 죽음의 간극을 넘나드는 영혼의 날개다. 영화 〈바다호랑이〉의 원작 소설인 김탁환 작가의 《거짓말이다》에는 '질문으로 만든 꽃'이라는 표현이 나온다. 죽은 사람도 질문으로 연결되면 완전히 사라진 것은 아니라는 전언이다. 그런데 왜 '꽃'일까?

종교와 의례에서 꽃은 지고한 영성을 표상한다. 영성이란 무엇인가. 1장에서 인용한 김상봉 교수의 정의를 되풀이하면, '나와 전체가 하나라는 믿음'이다. 여기에서 '전체'는 신神일 수도 있고, '무한히 큰 하나의 마음'일 수도 있다.[16] 그렇다면 어떻게 거기에 이를 수 있을까? '보다 높은 하나'로 나아가는 길은 타인의 고통에 새겨진 물음표를 가슴에 품는 데 있지 않을까 싶다. 상처와 아픔을 돌보는 몸짓에 동참하면서 우리는 스스로와도 화해할 수 있다. 현실을 온전히 수용하면서 새로운 존재로 거듭날 수 있다.

성장

당대에는 세상이 나아지기는커녕 더욱
절망스러워질 때도 많았지만, 오랜 세월이 지나
하나둘씩 변화가 생겨난 일들이 많다.
민주주의의 발자취가 그것을 증명하고,
그런 점에서 역사는 우리에게 커다란 위로와
용기를 준다. 오늘 뿌린 씨앗이 결코
헛되지 않을 것이라고 충분히 믿을 수 있고,
그것이 희망의 단단한 근거가 된다.

시민이 자라나는 장소를 위하여

"여기 왜 나무로 울타리를 쳐놓았을까요? 수달을 보호하기 위해서 자원봉사자 시민들이 세워놓았어요. 수달은 사나운 포식 동물이지만, 사람을 좀 무서워하거든요. 돌 위에 거뭇거뭇한 배설물이 보이죠? 수달은 어금니가 발달하지 않아 먹이가 배설물로 그대로 나오거든요." 2025년 8월 어느 날, 서울 여의도샛강생태공원에서 매주 열리는 '샛강지기 입문 산책'의 안내자가 시민들에게 설명해주고 있었다. 수달은 멸종위기 야생생물 1급이자 천연기념물로 지정된 법적 보호종으로 2021년 이곳에서 발견되었다. 23만 평에 달하는 이 공원에는 뱀딸기 열매도 열리고 왜가리가 새끼를 키우며, 매미 유충이 땅에서 기어 올라온다(나는 그곳에서 그 구멍을 처음 보았다). 대도시에 이렇게 다양한 생명체가 어우러지는 곳이 있다는 것이 놀랍다.

그러한 자연환경은 '자연스럽게' 형성된 것이 아니다. 이 생태공원이 조성된 것은 1997년이지만, 2019년에 '한강'이라는 사회적 협동조합이 자원봉사자들을 조직해 강을 정비하고 숲을 돌보면서 더 많은 동물이 둥지를 트기 시작했다. 수달 외에도 뒹경모치, 흰배뜸부기, 큰주홍부전나비 등이 모여들었고 웅덩이와 습지를 늘린 덕에 맹꽁이는 개체 수가 늘어났다. 이러한 성과를 인정받아 '한강'은 2020년부터 여의도샛강생태공원을 위탁받아 운영했다. 조합을 거점으로 연인원 4,800명에 달하는 자원봉사자들이 강과 숲을 가꾸고, 시 낭송회와 작은 음악회, 인문학 공부 모임 등 다양한 문화예술 융합 프로그램에는 매년 4만여 명이 참여했다. 말하자면 자연을 매개로 소박한 문예 부흥이 일어난 것이다. 덕분에 폐허처럼 방치되어 있던 공간이 우아한 쉼터가 되었다. 뿐만 아니라 발달 장애인, 노인회 어르신, 50+ 중장년 등을 위한 일자리도 창출되었다.

　그런데 2025년 서울시는 샛강생태공원 위탁운영 업체를 변경하면서 사회적 협동조합 한강 대신 숲 해설 전문업체인 ㄱ사를 위탁운영 업체로 선정했다. 문제는 그 회사가 산림 위주의 생태체험 프로그램 운영에 특화되어 있어서 공원 내 식물 및 야생동물 서식처의 유지 관리나 민원 응대 등에서는 전문성이나 경험이 없다는 것이다. 그런데도 서울시가 밀어붙인 것은 자발적인 시민 모임의 존재 자체가 못마땅하기 때문이라고밖에 해석되지 않는다. 그쪽으로 위탁이 넘어가면서 기존의 공원 보전 활동에 차질이 빚어졌다. 서울시는 이러한 차질에 대한 민원을 우려한 것인지 오히려 '재정비'라는 이름으로 갖가지 공사를 벌이고 있다. 이에 2025년 6월에 공원의 생태와 그간 만들어진 시민 공동체가 망가질 것을 우려한 시민들이 '샛강시민위원회'를 꾸려 활동에 나섰다. 자연을 가꾸고, 즐기고, 배우고, 지킨다는 목표로 결성된 이 모임에 한 달도 안 돼 300명 넘는 시민들이 이름을 올렸다. 회원들은 매일 모여 수달 모니터링, 맨발 걷기, 샛강 풀놀이, 선셋 투어, 재봉틀 모임, 인문학 강의 등의 프로그램을 꾸린다.

　물을 다스리는 치수治水와 그 이용 가치를 높이는 이수利水로 우리는 '한강의 기적'을 이뤄냈다. 그런데 이제, 외형적 성장에 한계가 왔고 삶의 질을 높이면서 행복을 새롭게 정의해야 하는 시대로 접어들었다. 그러려면 강을 개발의 대상이 아니라 생명의 원천으로 재발견해야 하고, 친수親水의 생활세계를 풍부하게 빚어내야 한다. 다양한 야생동물이 서식하는 샛강공원은 훌륭한 전범이 된다. 그것은 저절로 만들어진 것이 아니라, 공공선을 도모하는 시민들의 정성과 헌신으로 조성되고 유지되어왔다. 그런 의미에서 '샛강위원회'의 활동은 생태계 보전 이상의 의미를 갖는다. 그들은 황량한 도시 안에서 생생한 움직임(생동)과 뿌듯한 만남의 장소를 창조하고 있다.

공간을 되찾아라

장소place란 무엇인가. 지리학에서는 공간space과 대비해 설명한다. 공간이 눈에 보이는 물리적인 대상이라면, 장소는 그 공간에 역사, 의미, 가치, 경험, 기억 등이 더해진 것이다. 지리학자 이-푸 투안 박사는 이렇게 풀이한다. "공간은 장소보다 추상적이다. 처음에는 별 특징이 없던 공간이 우리가 그곳을 더 잘 알게 되고 그곳에 가치를 부여하면서 장소가 된다. (…) 공간에 '애착'이 생기고 '안전'이 더해지면 장소가 된다."[1] 그런 기준으로 질문해보게 된다. 지금 우리가 거주하고 있는 동네는 공간인가, 아니면 장소인가. 빨리 통과해버리고 싶은 곳이라면 공간에 지나지 않는다. (시몬 베유는 현대인이 겪는 질병 가운데 하나로 '뿌리뽑힘uprootedness'을 꼽은 바 있다. 존재감이 희박해지면서 하염없이 욕망에 끌려다니는 까닭이 거기에 있다.) 그냥 멈춰 서 있기만 해도 각별한 느낌이 올라온다면 장소라고 할 수 있을 것이다.

장소는 인간의 발달 과정에서도 매우 중요하다. 영유아기에 양육자와 안정적인 애착이 이루어져야 한다는 점은 이제 상식이다. 그 시기에 돌봄을 충분히 받지 못하면 건강한 자아가 형성되기 어렵고, 그 결핍이 평생에 걸쳐 여러 문제를 일으킨다. 그런데 미래학자 제러미 리프킨에 따르면, 양육자에 대한 애착 못지않게 중요한 것이 '장소에 대한 애착'이다.[2] 유아들은 자신의 주변 환경을 탐구하고 여러 물리적 대상과 구체적인 관계를 맺으면서 세계에 대한 소속감을 갖게 된다고 한다. 이에 가장 중요한 구실을 하는 것은 자연계다. 아이들이 온갖 생명체에 대해 각별한 관심을 보이는 것이 그 증거다. 하지만 요즘 아이들은 주로 실내에서 생활할 뿐 아니라 디지털 미디어에 너무 친숙해져 자연과의 접점이 줄어들어간다.

장소에는 삶이 깃들어 있다. 투안 박사는 개인과 특정한 장소 사이의 정서적 유대를 '장소애場所愛, topophilia'라고 이름 붙였는데, 거기에서는 마음과 마음이 연결된다. 사람들의 시선이 교차하고 눈 앞에 펼쳐지는 풍경이나 사물에 함께 주의를 기울이면서 보이지 않는 세계가 빚어진다. 그래서 안전하다. 그런데 장소는 저절로 만들어지지 않는다. 제니 오넬은《아무것도 하지 않는 법》이라는 책에서 자신이 살아가는 장소를 깊은 관심을 갖고 돌보아야 한다면서, 'placefulness'라는 개념을 내놓고 있다. 널리 읽힌 책의 제목 '팩트풀니스Factfulness'를 연상케 하는 신조어다. 그 의미는 '어떤 장소와 깊게 연결되기 위한 의식적이고 자각적인 실천'이다. 한국어판에서는 '장소 인식'이라고 번역했는데, '장소 가꾸기'라고 해도 좋을 듯하다. 지금 세계 여러 나라에서 그런 움직임들이 벌어지고 있다.

예를 들어 미국에 'Citizen University'라는 비영리 단체가 있다. 시민 정체성 회복과 '시민력' 증진을 위한 교육과 모임을 설계하고 지원하기 위해 2012년에 설립된 단체로, 교육기관이라기보다는 '시민력을 키우는 실천 플랫폼'이라고 할 수 있다. 그 기관에서 주관하는 'Host Civic Saturdays'라는 프로그램 있다. 2016년 트럼프가 대통령으로 당선되면서 생겨난 사회적 단절과 무력감을 극복하기 위해 기획된 것인데, 종교 예배와 유사한 형식으로 설계된 비종교적 의례ritual 모임이다. 참가자들은 매주 토요일마다 정해진 장소에 모여 음악, 시, 미술 작품, 역사적·문학적 글, 정치적 메시지가 담긴 '시민 설교civic sermon' 등을 나누며 공동체의 가치와 시민의 책임에 대해 성찰한다. 단순한 행사를 넘어 '시민으로 살아가는 방식을 몸소 연습하고 확산시키는 시민적 장'이라고 할 수 있다. 이 만남은 시민 '촉진자fellows'를 통해 여러 도시와 커뮤니티로 퍼져나가고 있으며, 정치적 논쟁 아닌 시민적 신념을 공유하는 '새로운 시민의식의 의례'를 확장하고 있다.

1990년대 영국 런던에서 시작된 '거리를 되찾아라Reclaim the Streets(약칭 RTS)' 운동도 흥미롭다. RTS는 비폭력적인 공공 공간 점거 운동으로, 거리에서 펼치는 축제처럼 벌이는 저항의 퍼포먼스를 통해 정치적 메시지를 발신한다. 그래서 설치 예술, 소파와 가구 들여오기, 은신처 구축, 나무 심기 등 기존 시위와는 다른 놀이적 전략을 구사한다. 예를 들어, 수백수천 명이 고속도로에 모여 '차 없는 거리'를 선포하고, 음악을 즐기고, 모래 놀이터를 조성하고, 음식을 나누면서 거리 자체가 공동체의 생활 공간임을 주장했다. 이송희일 감독은 그 생태적 저항을 가리켜 자본주의가 점령한 장소를 탈환하는 운동이라고 의미를 부여하면서 춤이라는 행위를 '생명의 증언'으로 클로즈업한다. 춤의 행성인 지구에 들이닥친 기후 위기란 "결국 춤을 추지 못하는 것들, 죽은 것들, 자본과 권력이 세계를 지배하면서 발생한 궁극의 비상사태"와 다름없다.[3]

　춤이라는 몸짓은 일정한 시간과 공간 속에서 펼쳐진다. 쉬운 말로 '춤판'이다. '판'은 외국어로 번역하기 어려운 한국어다. 용례를 보자. 굿판, 난장판, 살판, 놀음판, 씨름판, 싸움판, 정치판, 개판…. 판이란 무엇인가. 한국민족문화대백과사전은 이렇게 풀이한다. "바로 이 순간, 이 자리라고 할 현장, 일이 터지고 있는 마당, 생(삶)을 포괄한 모든 인간 행위이며 사건의 현장, 한국인이 우리가 될 수 있는 열린 현장이자 함께 공존할 터전."[4] '판'이란 여러 사람이 기운을 교류하며 집단 에너지를 일으켜내는 시공간이다. 우리에게 여러 모양의 판이 필요하다. 일상이 수많은 밀실로 단절되고 파편화되어가는 세계에서 몸으로 어울리며 마음을 공명하는 역동은 다양한 방식으로 실험되어야 한다. 시민들이 신명 나게 춤출 수 있는 광장이 곳곳에 열려야 한다.

서로 돌보는 시민사회의 길

"남자들은 산재 사망자가 2,000명이어도 별말 안 하는데, 왜 페미들은 1년에 몇백 명 단위인 교제 살인을 침소봉대하는 것일까?" 인터넷의 어느 게시판에서 우연히 마주친 글이다. 생각이 한참 머물렀다. 그리고 되묻고 싶어졌다. 매일 5~6명이 일하다가 목숨을 잃는 것이 많지 않은 숫자인가? 충분히 막을 수 있는 사고들이 계속 이어지는데 어쩔 수 없다고 받아들여도 괜찮을까? 또 한 가지 떠오르는 질문이 있다. 만일 산업재해의 책임자가 주로 여성이었다면? 하루에 남자 대여섯 명이 여자들의 잘못으로 사망한다면, 과연 조용히 넘어갈까?

분노해야 할 것에 침묵하는 것은 사소한 것에 분노를 남발하는 것만큼이나 사회를 퇴행시킨다. 분노의 화살을 엉뚱한 데로 돌리는 것은 부질없는 갈등을 자아낸다. 잘못된 구조와 관행을 방관하는 것, 그 개혁에 쏟아야 할 에너지를 어이없는 적대와 혐오로 소진하는 것은 사악한 권력자들이 가장 좋아하는 시나리오다. 물론 앞에 인용한 게시판 글이 20~30대 남성의 의견을 대표하는 것은 결코 아니며, 그에 대한 비판이 젠더의 대립 구도를 부추겨서도 안 된다. 지금 우리에게 중요하고도 시급한 것은 과제를 정확하게 설정하고 그 해결에 힘을 모으는 일이다. 고통을 일으키는 시스템을 바로잡으면서 그 피해자들을 함께 치유하는 일이다.

은유 작가는 장시간 노동과 사내 폭력으로 스스로 목숨을 끊은 어느 특성화고 현장실습생의 이야기를 《알지 못하는 아이의 죽음》이라는 책에 담아냈다. 그 안에는 비슷한 일을 당한 재학생 및 졸업생들 그리고 그 가족들의 목소리가 실려 있다. 왜 그런 사고가 끊이지 않는가. 아들을 잃은 어느 아버지는 말한다. "세상을 바꿀 이유가 없는 사람들이 세상을 바꿀 힘을 너무 많이 가지고 있기" 때문이라고. 사회의 주변부로 밀려난 청(소)년의 죽음을 하찮게 여기는 권력과 체제를 바꿔내야 한다. 아울러 일상의 폭력에 무감각한 사회를 알아차리고 탈출을 꾀해야 한다. 작가는 말한다. "사회 구성원으로서 모두가 '잠재적 실패자'로서 자신의 위치를 수용한다면 현장실습생의 죽음이 더 이상 신문에서나 보던 이야기가 아니게 된다. (…) 자기의 실패나 아픔을 용기 내어 이야기하면 타인의 아픔이 들리기 시작하고, 모든 존재의 고통이 연결돼 있음을 실감하게 된다."[5]

한국의 광장 민주주의는 세계 최고 수준이라고 자부할 수 있다. 하지만 일상이나 일터에서는 최소한의 인권조차 짓밟히는 경우가 아직도 너무 많다. 민주주의의 길은 아직도 멀고 험하다. 정치의 본연을 다시 확인하며 방향을 제대로 잡아야 한다. 정치는 무엇인가. 자크 랑시에르는 '몫 없는 자들의 몫을 확보하는 것'이라고 말했다. 정치란 아무리 목소리를 내도 소음으로밖에 여겨지지 않는 사람들, 다시 말해 사회적으로 배제된 이들이 자신의 존재를 드러내고 목소리를 들리게 함으로써 그 '감각계'의 분할을 바꾸는 일이라는 것이다. 그는 정치politique를 치안police과 대비시키는데, 통상의 '정치'는 기성의 감각 질서 안에서 그 질서를 다스리는 '치안'일 뿐이다. 그에 비해 참된 정치는 그 질서를 변혁하는 데 있다.[6]

마거릿 대처 영국 총리가 "사회 따위는 없다There is no such thing as society"*고 선언한 이래 '시장'은 급속도로 팽창했고, '인간의 자유'는 '자본의 자유'에 밀려나고 있다. 다른 한편으로 '국가' 시스템은 여전히 비대하고, 시민들은 거대한 체제 앞에서 왜소해진다. 사람들의 관계는 점점 권력과 화폐로 매개되면서 사물화되고 도구화된다. 민주주의가 건강하게 지속되려면 체

---

* 그 선언의 메시지는 사회라는 이름으로 개인의 책임을 국가가 떠맡아서는 안 된다는 것이었다. 즉, 복지국가식 집단 책임 개념을 부정한 것이지, 사람들이 살아가는 공동체적 맥락 자체를 부정한 것은 아니다. 하지만 개인의 책임만 강조하고 구조적 불평등을 무시하는 관점이라고 비판받아왔다.

제를 단지 보호하고 방어하는 것만으로는 부족하다. 우리가 어떤 삶을 원하는지, 또 그것이 가능하려면 세상이 어떻게 바뀌어야 하는지를 세밀하게 탐색해야 한다. 그 과정을 여럿이 공유하면서 뜻과 힘을 모아야 한다. 여기에서 핵심은 '사회'의 회복 또는 생성이 아닐까 싶다.

돌봄은 우리 모두의 일

'사회'를 되살린다는 것은 추상적인 이야기가 아니다. 사람들이 서로를 알아보는 만남, 자신과 타인을 존재로서 느낄 수 있는 공간을 확장하는 것이다. 그래서 '규격'에 갇히지 않고 '가격'으로 환원되지 않는 '인격'을 구체적으로 경험하는 것이다. 그것은 소소하고 친밀한 대면 관계에 국한되지 않는다. 불특정 다수로 구성되는 익명의 세계에서도 그러한 마음의 움직임이 가능하다. 우리는 광장에서 그것을 생생하게 확인했지만, 가시적인 범위를 넘어선 차원에서도 (즉 어떤 물리적 공간에 몸으로 함께 있지 않아도) 시민들 사이에 신뢰와 공통감각을 쌓아갈 수 있다. 그 기반 위에서 개인들이 끌어안고 있는 다양한 과제를 사회적 차원에서 새롭게 조명하고 공동의 역량으로 풀어갈 수 있다.

최근에 활발하게 논의되는 돌봄 민주주의caring democracy도 그런 맥락에서 의미가 드러난다. 돌봄을 사회의 핵심 가치이자 민주주의의 토대로 삼는 정치사회 철학인데, 기존의 자유민주주의나 사회민주주의가 '자유'나 '노동'을 중심에 두었다면, 돌봄 민주주의는 '돌봄'의 가치로 사회를 재편하면서 불평등한 현실을 극복하려 한다. 정치학자 조안 트론토는 민주주의란 궁극적으로 "함께 돌보는 것"이며, 돌봄은 가족의 사적 책임에 머물지 않고 모든 시민이 함께 분담해야 할 공적 책임이자 권리로 격상되어야 한다고 말한다. 그를 통해 돌봄 제공자와 수혜자가 겪는 불평등과 배제를 완화하고, 모든 구성원이 서로를 돌보는 가운데 정의롭고 포용적인 사회를 만들 수 있다는 것이다.[7]

한국에서도 '돌봄 책임 복무제'가 제안되고 있다. 오래전에 조혜정 교수가 '청년 사회 복무제도'라는 아이디어를 낸 적이 있고,[8] 최근에는 행정학자 김희강 교수가 구체적인 방안을 다듬었다. 누구나 성년의 나이가 되면 일정 기간 돌봄이 필요한 다른 시민(아동, 장애인, 노인 등)을 돌보도록 하는 것이 골자인데, 병역 복무와 연계해 남녀 모두에게 부과하면 청년 남성의 역차별 논쟁과 젠더 갈등도 자연스럽게 해결된다. 그리고 책임 복무제이지만 충분한 보수를 지급해 기본 자산 마련에 도움을 주는 한편, 돌봄이 당당한 사회를 조성함으로써 출생률을 제고하는 효과도 기대된다. 무엇보다 중요한 것은 젊은이들이 그러한 경험을 통해 돌봄의 가치와 감각을 익힐 수 있다는 점이다.[9]

죽음을 통해서만 비로소 가시화되는 이웃들이 우리 사회에 의외로 많다. 다정한 사회를 경험하지 못한 사람들이 분노와 혐오의 숙주가 되어버리고 있다. 지금 절실한 것은 타인의 취약성을 보듬고 고통을 함께 느끼는 연민의 마음이다. '돌봄은 우리 모두의 일'이라는 자각과 그 짐을 기꺼이 나누는 시민적 에토스다. '자유'와 '평등' 사이의 긴장은 '박애'를 통해 완화되고 더 높은 차원으로 수렴된다. 그러한 비전을 공유하고 상호 의존적인 운명을 확인하면서 서로를 보살피는 시민 문화로 나아가면 좋겠다. 정서적 유대 속에서 새로운 세계를 창조하는 즐거움은 삶의 지평을 확장한다. 사랑은 사사로운 관계에서만이 아니라 공적 영역에서도 정치적 우정의 모습으로 성취될 수 있다.

현재가 미래를 도울 수 있도록

"우리는 대한민국을 포기하지 않겠습니다. 저희 손을 잡아주시겠습니까?" 2025년 4월 30일 국회에서 열린 '다시 만드는 세상'이 주최한 2030 정책토론회에서 안산하 씨가 '전세 사기에 노출된 청년들의 이야기'를 자신의 경험을 담아 들려주면서 마지막에 했던 말이다. 그는 중소기업 청년 전세자금 대출을 받아 한 주택에 입주했지만 보증금을 돌려받지 못해 억대의 빚을 지게 되었는데, 비슷한 처지에 놓인 피해자들이 대부분 20~30대 청년이라고 한다. 자립의 기반을 마련하기 시작하는 나이에 감당하기 어려운 재앙이다. 그는 전세 사기가 개인의 잘못을 넘어 시스템의 실패라고 주장하며, 정부와 사회가 책임을 인정하고 실질적인 구제 방안을 마련해달라고 호소했다.

지금 우리의 생활 여건과 소비 수준은 세계 최고 수준이다.

옷장에는 고급 의류가 가득하고, 먹을거리도 풍부하다. 웬만한 집이나 공공시설에 냉방 시설이 갖춰져 있으며, 겨울에는 난방뿐 아니라 온수도 잘 나온다. 또한 글로벌 문화 강국인 만큼 온라인에 일류 콘텐츠가 넘쳐날 뿐 아니라 오프라인에도 다양한 즐길 거리가 가득하다. 청년들은 위 세대가 누리지 못한 윤택한 세상에서 태어나 자라났다고 할 수 있다. 하지만 그들은 행복하지 않다. 청년들의 정신건강 지표를 보면 한 해가 다르게 나빠지고 있다. 물론 우울증이나 불안 장애는 전 연령대에서 증가하는 추세이지만, 특히 청년층이 다른 세대보다 상대적으로 빠른 증가세를 보인다. 무엇 때문일까?

세대 간 불평등과 민주주의

여러 복잡한 요인들이 얽혀 있는데, 핵심은 미래가 보이지 않는다는 점이다. 한국은 자랑스러운 선진국의 반열에 올랐지만, 저성장의 국면으로 접어든 이후 경제적인 어려움이 가중된다. 문제는 그 부담이 공정하게 부과되지 않는다는 점이다. 무엇보다 주거 문제가 세대 갈등의 핵심 이슈다. 기성세대는 산업화와 도시화 과정에서 싼값으로 주택을 취득했고, 이후 부동산 가격의 폭등 덕분에 자산을 증식할 수 있었다. 반면 청년 세대는 집값이 엄청나게 올라간 후에 성년이 되었기 때문에 내

집 마련의 문턱이 너무 높아져버렸다. 게다가 고용시장도 크게 위축되고 불안정한 일자리만 계속 늘어나, 완전고용에 가까운 시대를 살았던 부모 세대와 대비된다. 이에 더해 연금 문제도 세대 간 형평성 논란을 뜨겁게 달구는데, 급증하는 노인 인구의 복지 확충이 청년층의 부담 증가로 이어진다.

예전보다 훨씬 치열하게 경쟁해왔는데 기회의 창은 점점 닫히고, 위 세대에 비해 삶의 출발선 자체가 뒤처져 있고 '부모 찬스'에 따라 격차가 커진다. 이런 상황은 현실에 대한 불안과 냉소와 반감을 자아낸다. 문제는 그 에너지가 왜곡되면서 혐오의 정동으로 응집되고 극우의 선동에 편승해 '분노의 정치'로 표출된다는 것이다. 젊은 시절 형성된 세계관이 평생 지속되는 경우가 많기에 한국 정치의 미래가 걱정스러워지는 현상이다. 하지만 일시적으로 드러나는 모습을 가지고 특정 세대의 성향과 입장을 섣불리 규정하거나 일반화하지는 말아야 한다. 2030 남성들 안에 극우 세력이 있는 것은 맞지만, 전체가 극우화된 것은 아니기 때문이다. 따라서 그들을 싸잡아서 비난하거나 거부하는 것은 지양해야 한다. "교착상태에 빠진 이슈들에 대해 도덕적 우위에 입각한 훈계보다는 이해당사자로서 참여할 수 있는 정치적 의제를 제시하는 것이 우선이다."[10]

민주주의가 건강하게 지속되려면 세대 간 불평등을 극복해야 한다. 다음 세대가 살아갈 기반이 위 세대의 이기심과 무책임으로 허물어진다면 사회 전체의 존속이 위태로워지면서 결국 위 세대의 삶도 흔들릴 수밖에 없기 때문이다. 따라서 여러 방면으로 개혁이 요구된다. 아주 거칠게 몇 가지 예를 들자면, 부동산에서는 다주택 보유자나 고액 부동산 자산가들이 더 많은 조세 부담을 받아들이도록 사회적 합의를 이루고, 그렇게 확보된 재원은 주거복지에 투자해야 한다. 고용에서는 기성세대가 정년 연장만 요구할 것이 아니라, 임금피크제와 신규채용 연계 같은 방안에 협조해 청년 채용의 여력을 만들어야 한다. 그리고 연금에서는 베이비부머 세대가 현역일 때 기여율을 높여 세대 형평성을 맞추면서 후세대에 빚을 미루지 않는 개혁을 추진해야 한다.

또 한 가지 매우 중대한 쟁점은 인공지능으로 인해 줄어들 수밖에 없는 일자리다. 2025년 10월 한국은행이 AI 확산이 청년층(15~29세) 일자리에 미친 영향을 분석한 보고서에 따르면, 2022년 7월에서 2025년 7월 사이에 청년층 일자리가 21만 1,000개 감소했는데, 이 중 절대다수인 20만 8,000개(98.6퍼센트)가 AI 노출도 상위 업종에서 줄어든 것으로 조사됐다. 반면 50대 일자리는 20만 9,000개 증가했는데, 이 중 14만 6,000개(69.9퍼센트)가 AI 고노출 업종에서 늘었다. 한국은행은 "국내 노동시장에서도 미국과 유사하게 AI 확산 초기에 주니어 고용은 줄고 시니어 고용은 늘어나는 '연공 편향 기술 변화'가 나타나고 있다"고 설명했다.[11] 박태웅 의장은 이렇게 말한다. "패턴이 있는 반복 업무는 모두 줄어든다. 핵심 과제는 적게 일해도 괜찮은 사회 구조를 만드는 것이다. 인공지능이 발전할수록 생산성이 급격히 높아지므로 노동시간 단축은 필연이다. 주 4일, 주 3일 순차적으로 줄여가야 한다. 일자리 감소로 청년들의 피해가 가장 크기 때문에 인공지능이 만들어낸 막대한 부가가치를 사회안전망과 청년 일자리 대책에 투자해야 한다. 생산성 향상을 어떻게 공정하게 나눌지에 대해 사회적으로 합의해야 한다."[12]

불특정 다수의 장기적 이익을 위해

이러한 사회 대전환을 이뤄가려면 결국 정치의 지형이 변해야 한다. 기존의 진영 대립 구도를 뛰어넘어 세대의 순환이 이뤄질 수 있도록 '판'이 바뀌어야 하는 것이다. 선거 때마다 득표 전략의 일환으로 청년층에게 손을 내미는 제스처는 이제 구태의연하다. 비위를 맞추는 구호와 선심성 공약이 아니라, 권력의 세대교체가 요구된다. 젊은 리더들이 전면에 설 기회가 늘어나야 하는데, 그러려면 공천에서 청년 할당을 확대하고 비례대표나 정부 위원회 등에 청년 참여를 의무화하는 등의 방안을 검토해야 한다. 지금 정치권의 중심에 있는 86 정치인들도 그들이 30대였을 때(그래서 '386'세대라는 명칭이 붙었다) 김대중 대통령과 민주당이 공간을 열어준 덕분에 국회의원, 시장,

도지사 등에 대거 입문할 수 있었다. 자신들이 성장한 토대를 후배들에게도 제공하고 있는지 자문해야 한다. 예를 들어 '319' 세대(30대 10학번 90년대생을 가리키는 명칭을 일부러 만들어본 것이다)가 정치 엘리트로 등장하지 않는 것은 누구의 책임인가?

세대 간 불평등 문제는 단순한 세대 대결 구도가 아니다. 그것은 급변하는 경제사회 환경 속에서 누가 미래의 부담을 질 것인가를 둘러싼 사회적 갈등이다. 이를 극복하려면 세대 사이의 상생과 순환이 이뤄져야 하는데, 이는 현재를 함께 살아가는 세대 사이의 유대를 넘어 아직 태어나지 않은 후손들까지 아우르는 공동체를 지향해야 한다. 한나 아렌트는 이렇게 말한다. "세계가 공적 공간을 가지려면, 한 세대를 위해서만 건립되어서도, 살아 있는 자들만을 위해 계획되어서도 안 된다." 정치나 공론 영역은 시대를 초월해 '장소'를 공유하는 모든 존재를 염두에 둘 때 가능하다는 의미다.[13]

한강 작가가 말한 "과거가 현재를 돕고, 죽은 자가 산 자를 구하는" 원리가 미래를 향해 뻗어나갈 수 있을까. 현재가 미래를 돕고, 살아 있는 자가 아직 태어나지 않은 자를 구하는 것은 어떻게 가능할까. 정치가 최고의 공동선을 함께 추구하는 행위라고 할 때, 그것은 두 가지 차원에서 실현되어야 한다. 하나는 사회를 구성하는 동시대인들을 온전히 아우르는 공동선이고, 다른 하나는 아직 태어나지 않은 세대를 배려하는 공동선이다. '특정 소수의 단기적 이익'에 휘둘리는 정치를 극복하고 '불특정 다수의 장기적 이익'을 도모하는 정치로 나아가야 한다.

내가 청년이었던 시절에는 부동산 중개인들 가운데 집주인이 젊은 세입자에게 너무 높은 전세금을 요구할 때 세입자 편에 서서 조정해준 이들이 적지 않았다. 젊은이들의 사정을 헤아려야 하지 않겠느냐고 집주인을 설득했다. 그런데 언제부터인가 중개인이 전세금과 집값을 올리는 지렛대가 되고, 심지어 전세 사기에 가담하는 일까지 생겨났다. IMF 금융위기 이후 사회 전체 분위기가 물신 숭배로 흐르면서 일어난 변화로 보인다. 그 결과 삶의 터전을 '헬조선'이라고 자조하면서 '영혼까지 끌어모아(영끌)' 집을 사야 하는 세상이 되었다. 그런 사회에서는 인간성이 들어설 자리는 비좁고, '어른'이 드물어진다. 그래서 격조 있게 나이 들어가기도 어렵다.

어른은 누구인가. 자기의 이익이나 안위보다 아래 세대를 염려하면서 그 성장을 보살피는 사람이다. 평생 수많은 후학을 돕고 여러 사회단체를 지원해온 김장하 선생은 1991년 자신이 설립한 명신고등학교 국가 기증 선언 및 이사장 퇴임식에서 후학들을 위해 재산을 내놓는 이유를 이렇게 말했다. "내가 배우지 못했던 원인이 오직 가난이었다면, 그 억울함을 나의 다른 후배들이 가져서는 안 되겠다 하는 것이고, 그리고 한약업에 종사하면서 내가 돈을 번다면 그것은 세상의 병든 이들, 곧 누구보다도 불행한 사람들에게서 거둔 이윤이겠기에 그것은 나 자신을 위해 쓰여서는 안 되겠다는 생각 때문이었습니다."[14] 그분과 같은 '어른'의 영혼이 기성세대에 스며들어 청년들의 손을 잡아준다면, 그들은 대한민국을 포기하지 않을 것이다. 미래를 체념하지 않을 것이다. 현재는 미래를 돌보는 자궁이 될 것이다.

거짓된 희망보다 정직한 절망으로

깊은 사색 없이 단순 소박하기는 쉽다. 그러나 깊이
사색하면서 단순 소박하기란 얼마나 어려운가?
자신을 기만하면서 낙천적이기는 쉽다. 그러나
자신을 기만하지 않으면서 낙천적이기란 얼마나
어려운가?

_《서준식 옥중서한》 중에서

"2050 거주 불능 지구." "22세기는 오지 않는다." "금년 여름이 가장 시원한 여름으로 기억될 것이다." "지금 사는 인류가 최후의 인류가 될 것이다." "자본주의의 종말을 상상하는 것보다 세상의 종말을 상상하는 게 더 쉽다." … 기후 위기의 엄중함을 묘사하는 말들이다. 이런 상황에 대한 한 가지 반응으로 '외상 전 스트레스 장애'라는 것이 있다. '외상 후 스트레스 장애PTSD'와 대비되는 개념으로, 장차 닥칠 파국을 상상하며 받는 정신적 고통을 뜻한다. 환경 재난에 대한 두려움을 뜻하는 '생태 불안eco-anxiety'도 비슷하다. 사람의 욕망은 파멸을 자초하는 경향이 짙은데, 지금 그러한 자기 배반이 범지구적으로 일어나고 있다. 현실을 직시하는 사람이라면 깊은 불안과 우울증에 빠지지 않을 수 없다.

그렇다면 우리는 다가오는 디스토피아의 먹구름에 운명을 내맡겨도 될까? 종말론적 시나리오 앞에서 무기력한 탄식만 내뱉을 것인가? 프랑스의 환경 전문기자 로르 누알라는《지구 걱정에 잠 못 드는 이들에게》라는 책에서 붕괴의 시대일지라도 삶을 긍정하는 태도를 잃지 말자고 제안한다. 원서의 제목을 한국어로 그대로 옮기면 '우울함에 빠지지 않으면서 어떻게 생태주의자로 남을 것인가'인데, 현실을 온전히 인정하면서도 서로의 정신건강을 챙기고 스스로의 마음도 돌보면서 이 지난한 과정을 넘어가자고 어깨를 두드려준다. 유머를 잃지 않으면서 즐겁게 재난에 맞서자고 손을 내민다.

희망이 없는데 어떻게 해야 할까? '희망을 버리되 비관하지 않는 저자의 태도'에 주목할 필요가 있다. 위 책이 지적하듯이 지금 무너지고 있는 것은 생명 그 자체가 아니라 인간들의 허황한 환상이다. 어차피 파국을 맞을 테니 현재를 아무렇게나 되는 대로 살다 가자는 것은 아전인수식으로 잘못된 해석이다. 이제 우리에게 주어진 새로운 역할에 대해 생각해봐야 한다.[15]

아무것도 달라지지 않은 것은 아니다

거짓된 희망을 거부하고, 차라리 정직한 절망을 선택하자. 거기에서 현실적인 변화의 실마리를 찾을 수 있다. "비관은 기분이지만 낙관은 의지"라고 철학자 알랭은 말했다. 상황이 아무리 암울해도 지구 시민으로서 더 나은 세상을 위해 할 수 있는 일을 하나씩 해나갈 때 위대한 연대가 이뤄질 수 있다. 현실을 머리로만 파악하려 하면 답이 나오지 않지만, 몸을 움직이면서 방향을 모색하다 보면 의외의 실마리가 잡힐 수 있다. 한나 아렌트가 말한 '탄생성natality', 즉 운명의 중력에 짓눌리지 않고 생명을 선택하면서 새로운 일을 도모하는 내적 능력을 발휘해야 할 때다. 그녀에 따르면, 자유는 새로운 것을 시작하는 능력이고, 행동하는 것과 자유로움은 동일하다.

파국으로 치닫는 듯한 세상이 그나마 이렇게 유지되는 것은 보이지 않는 곳에서 묵묵히 인간다움을 지켜내는 이들 덕분이다. 그런 인물 가운데 한 명으로 의사이자 인류학자인 폴 에드워드 파머가 떠오른다. 그는 하버드 의대 출신으로 모교의 교수까지 되었지만, 안락한 삶을 포기하고 중남미와 아프리카에서 구호 활동을 펼쳤다. 가난한 사람들의 건강권을 신장시키기 위한 민간단체를 설립하고 여러 공론장에서 발언을 해왔다. 하지만 그런 이들이 아무리 헌신해도 처참한 현실은 좀처럼 나아지지 않는다. 그런데도 포기하지 않고 나아갈 수 있는 힘은 어디에서 오는 것일까? 폴 파머는 어느 인터뷰에서 자신은 패배와 싸워왔으며, 한 번 더 진다고 해서 포기하지 않을 것이라고 말했다. 그러고는 "이기는 편에 서고 싶은 건 인간의 본능이지만, 그러기 위해 패배한 이들에게 등을 돌려야 한다면 가치 없는 승리"라고 덧붙였다. 긴 울림을 남기는 말이다.[16]

'하면 된다.' 한국의 압축 성장을 가능하게 해준 신념이었다. 하지만 그 말이 맞지 않는 경우가 점점 많아진다. 거기에는 두 가지 경우가 있다. 하나는 삶의 질곡이 너무 가혹해서 아무리 발버둥 쳐도 도저히 벗어날 수 없는 상황이다. 빈부가 대물림되는 양극화 구조를 외면한 채 개인의 노력만 강조하는 것은 상투적인 기만이다. 지극히 예외적인 성공 신화들을 내세우며 사람들을 주눅 들게 하거나 희망 고문 하는 것은 세상에 대한 신뢰를 무너뜨린다. 아등바등하지 않고 일상의 소소한 즐거움을 누릴 수 있는 세상, 잘나지 않아도 서로의 존재를 넉넉하게 인정하는 풍토를 일궈가면 좋겠다. 그것은 정치의 중요한 과제이기도 하다.

'하면 된다'는 말이 와닿지 않는 상황이 또 하나 있다. 실제로는 변화가 이루어지고 있는데도 겉으로는 그대로인 듯 보일 때다. 순정과 최선을 다했지만 달라진 것이 아무것도 없을 때 좌절감과 허무함에 사로잡히기 쉽다. 하지만 시간의 축을 길게 연장하면 관점이 바뀔 수 있다. 우리가 지금 당연하게 누리는 삶의 여건들이 선조들의 피땀 덕분임을 확인할 수 있기 때문이다. 당대에는 세상이 나아지기는커녕 더욱 절망스러워질 때도 많았지만, 오랜 세월이 지나 하나둘씩 변화가 생겨난 일들이 많다. 민주주의의 발자취가 그것을 증명하고, 그런 점에서 역사는 우리에게 커다란 위로와 용기를 준다. 오늘 뿌린 씨앗이 결코 헛되지 않을 것이라고 충분히 믿을 수 있고, 그것이 희망의 단단한 근거가 된다.

정치, 희망의 증거

"그대의 침묵은 함성이 되었고, 그날의 아픔은 오늘의 길이 되었습니다." 2025년 7월 이한열 열사를 추모하면서 연세대학교 생명시스템대학 학생회가 캠퍼스에 걸었던 현수막 문구다. 암울한 세계를 밝히는 빛은 어디에서 오는가. 역사의 한복판에서 잉태하는 희망이다. 희망은 막연한 낙관이 아니다. 그것은 보이지 않는 것에 대한 믿음이요 결단이다. 최인훈 작가는 이렇게 말한다. "그러면 우리에게 희망이 있는가? 그렇게 묻는다면 그것은 당신이 내가 한 말을 전혀 이해하지 못한 것이다. 희망은 역사 속에도 인간에게도 조국에도 물론 신에게도 없다. 당신이 만일 희망이 있기를 원한다면 거기 희망이 있다. 당신이 만일 빛이 있기를 원한다면 거기 빛이 있다."[17]

권력은 총구에서 나오는 것이 아니라는 것을 온몸으로 선언한 시민들의 눈빛은 뜨거웠다. 역사의 순리를 믿으며 세상에 맞짱 뜬 청춘의 모험은 반짝였다. 광장에서 시작된 빛의 혁명이 이제 여러 갈래로 뻗어나가면 좋겠다. 한편으로는 거대한 권력 시스템을 쇄신하고, 다른 한편으로는 소소한 일상 세계를 충전하는 힘으로 말이다. 인간의 존엄을 세우고 생명의 터전을 지키려는 마음이 모일 때 사회는 우정의 무대가 될 수 있다. 정치는 삶을 구원하는 희망의 증거가 될 수 있다.

파커 파머와의 대담

민주주의를 지탱하는 마음

The Heart of Sustaining Democracy

"선한 생각을 두려움 없이 말하세요. 민주주의의 빛은 돌아올 것입니다."

민주주의는 꾸준한 보살핌과 참여를 통해 가까스로 유지된다. 깨어 있는 시민들의 유대 속에서 정치는 건실해질 수 있다. 그것은 어떻게 가능한가? (망상에 사로잡혀) 권력을 남용하는 정치인들과 무엇으로 맞서야 하는가? 혐오와 적대가 만연한 현실에서 새로운 세계를 창조하는 힘은 어디에서 나오는가? 이런 질문들을 가지고, 민주주의의 본질을 마음의 차원에서 해석해온 파커 파머 선생과 이야기를 나누었다. 대담은 2025년 8월 3일에 줌 미팅으로 진행되었다.

파커 파머는 사회학 박사이자 미국을 대표하는 교육 지도자이자 사회운동가로서, 사람들의 희로애락이 생생히 묻어 있는 일상생활을 직접 탐문하며 인간미 넘치는 사회를 위한 내면의 노력과 교육의 중요성을 역설해왔다. 그는 각계각층의 뜨거운 지지를 받는 미국 시민들의 멘토이며, 현재 '용기와 회복을 위한 센터Center for Courage and Renewal'를 운영하면서 정치, 경제, 교육, 언론, 종교 등 미국 사회의 다양한 방면에서 두려움과 냉소주의로 상처받은 시민들을 대상으로 한 인문학 교육 프로그램을 진행하고 있다.

파커 파머는 왕성한 저술 활동을 펼쳐왔고 대부분이 한국어로 번역되어 있다. 특히 내가 번역한 《비통한 자들을 위한 정치학》은 2012년 한국어 번역판이 출간된 이후 지금까지 많은 독자에게 읽혔다. 이 책은 민주주의의 본질을 일깨우면서 마음의 회복을 통한 정치적 변혁의 길을 제시했고, 한국인들이 새로운 시민 공동체의 가능성을 꿈꾸고 실천하는 데 매우 소중한 길잡이가 되었다. 12.3 불법 계엄 이후 내란을 극복하는 과정에서 개정판 번역본이 출간되어 많은 시민이 그 책을 다시 함께 읽었다.

이번 대담은 파머와 20년 가까이 긴밀하게 교류하면서 그가 창안한 '신뢰 서클'을 한국의 다양한 현장에서 꾸려온 교육 센터 '마음의 씨앗'이 마련했다. 나는 2012년에 몇몇 동료와 함께 미국 위스콘신주에 있는 파머의 자택을 방문해 1박 2일 동안 깊은 대화를 나눈 적이 있다. 여러 유튜브 영상을 통해 확인할 수 있듯이, 그에게서는 매우 따스하면서도 유머러스한 지성과 감성이 느껴진다. 이번 대화는 그로부터 13년이 지나 마련되었다. 원격 온라인 대담이었다. 질문은 '마음의 씨앗' 준비팀으로 참여한 손선숙, 손민정 님과 함께 만들었다.

한국과 미국에서 벌어지는 국가 권력과 시민사회 사이의 치열한 줄다리기를 돌아보며 민주주의의 지속 가능성을 마음의 회복이라는 관점에서 탐구했던 대화의 내용을 여기에 싣는다. 우리의 요청에 기꺼이 시간과 마음을 내주시고, 녹취록을 이 책에 싣도록 허락해주신 파머 선생님께 깊은 감사를 드린다.

Q   수년 전 앞으로는 모든 외부 활동을 접겠다고 공표하신 바 있는데, 이번 저희 초대에 응해주신 까닭이 궁금합니다.

A   이렇게 여러분과 함께할 수 있어 정말 기쁩니다. 물론 여러분과의 친분이 이 초대에 응하게 된 중요한 이유이지요. 그와 함께 정치적인 이유도 중요합니다.

지금 미국과 한국에서, 그리고 전 세계적으로도 이보다 더 중요한 대화 주제는 없다고 생각합니다. '어떻게 하면 민주주의가 살아남아 더욱 번성할 수 있을까?' 이것이 바로 지금 시대의 질문입니다. 제가 살고 있는 미국은 한때 민주주의의 모범처럼 여겨졌지요. 하지만 지금은 전 세계에서 민주주의가 후퇴하고 있는 나라들의 목록에 몇 년째 올라 있습니다. 그래서 시민들이 지금 이곳에서 매우 심각한 싸움을 하고 있습니다. 그리고 여러분 역시 분투하고 있다는 걸 알기에 같은 입장에서 여러분을 만나고 있습니다. 저는 정답을 가지고 온 것이 아니라, 가능성을 함께 이야기하고자 하는 마음으로 왔습니다. 이 시대의 커다란 정치적 위기에 우리가 어떻게 창의적으로 대응할 수 있을지에 대해 생각을 나누고자 합니다. 이런 기회와 여러분 모두에게 깊이 감사드립니다. 그것이 제가 이 자리에 있는 이유입니다.

Q 우리는 정치적 견해가 다른 친구나 가족과 대면할 때 종종 감정적 갈등에 빠지고 관계가 단절되기도 합니다. 정치적 이견으로 인해 사회적 긴장이 높아지는 분위기지요. 이런 상황에서 우리가 어떻게 지혜를 찾을 수 있을까요?

A 미국도 똑같은 문제를 겪고 있습니다. 매우 어렵고 고통스럽게요. 오늘 우리가 비슷한 경험과 가능성을 공유하고 있음을 새삼 확인하게 되네요. 우선 알아야 할 것은 이것이 권위주의, 전체주의, 파시즘의 전형적인 전략이라는 점입니다. 누구와도 자유롭게 대화를 나누지 못하게 만들어 사회적 관계를 분열시키는 것이죠.

우리가 믿는 것, 우리의 가장 선한 생각들을 공적으로 나누는 것을 두려워하지 않는 것이 중요해요. 이런 대화를 풀어가는 데 있어서, 이 나라 사람들이 사용한 가장 효과적인 접근법 중 하나는 '자신의 이야기'로 시작하는 것입니다. 지금 내가 믿고 있는 것을 어떻게 믿게 되었는지, 그 여정을 이야기하는 것이죠. 마음을 열고 들으면, 그런 이야기가 매우 흥미롭다는 걸 알게 됩니다. 정치적 입장이 달라도 아주 깊은 수준에서 우리가 개인적인 경험을 함께 공유하고 있다는 것을 깨닫게 되니까요. 결국 우리가 다르다고 느끼는 것보다, 더 많은 것을 공유하고 있음을 확인하게 됩니다.

대화할 때 삶의 이야기로부터 시작하면 우리는 적어도 관계를 지속할 수 있는 공간을 만들게 됩니다. 그러면서 차츰 정치적 견해와 같은 더 복잡하고 논쟁적인 주제들로 나아갈 수 있게 되거든요. 하지만 대화를 정치적 의견이나 관점으로 시작한다면, 의견이 다른 사람과는 대화를 오래 이어가기 어려울 확률이 높습니다. 다만, 그렇다고 해서 자신의 신념을 관계 맺고 싶은 사람들 앞에서 표현할 수 없다면, 진정성 있는 관계로 나아갈 수 없을 것입니다.

저는 우리가 계속해서 자신의 진실을 증언해야 한다고 믿습니다. 우리가 이해하고 있는 대로의 진실을 계속해서 말해야 합니다. 다른 이들을 판단하는 방식이 아니라, 대화에 초대하는 방식으로 말하는 것입니다. 그것이 바로 민주주의의 정신입니다. 그리고 저는 이 정신이 한국 사람들의 최선의 모습 속에 살아 있다고 느낍니다. 특히 모두의 해방을 위한 투쟁을 기억하고, 그 정신을 지켜가고자 하는 분들 안에서요. 저는 그 정신을 존경하며, 그에 깊은 동질감을 느낍니다.

이 싸움에서 우리가 혼자가 아니라는 사실이 저에게는 힘이 됩니다.

Q 말씀을 듣고 보니, 관계 맺기에는 대단히 섬세한 마음이 필요하다는 생각이 듭니다. 자신의 개인적인 이야기를 먼저 나누는 것, 그러면서 민주주의에 대한 믿음을 표현하는 것이 소중한 지혜로 다가옵니다. 다음 질문으로 넘어가죠. 뉴스에는 잘 드러나지 않지만, 미국 안에서도 다양한 시민운동이 이루어지고 있다고 들었습니다. 당신의 생각에 공감하는 시민들은 공적 공간에서 어떤 방식으로 활동하고 있나요? '용기와 회복을 위한 센터'는 그런 과정에서 효과적인 플랫폼 중 하나일 것이라 상상해봅니다. 요즘 당신과 당신 주변의 삶은 실제로 어떤가요?

A 현재 미국의 정치 상황에 대해 말하자면, 많은 사람이 이 새로운 행정부 아래에서 벌어지는 일을 깨닫고 나서, 처음에는 절망에 빠지기 시작했습니다. 절망에는 항상 외로움이 동반되죠. 절망은 외로움과 고립을 키웁니다. 사람들이 절망과 씨름하기 시작하면서 우리는 이런 이야기를 나누었습니다. "이 무력감 상태에서 벗어나려면 무엇이 필요할까?" 무력감은 독재자들이 우리를 가두고 싶어 하는 곳입니다. 답은 항상 '관계가 필요하다, 공동체가 필요하다'는 것이었습니다.
저는 30년 전에 이 일을 시작했지만, 이 서클에 참여할 때마다 항상 경이로움을 느낍니다. 거기에서 비판하지 않는 공동체를 경험할 때마다 저에게 늘 새롭게 놀라웠던 것은, 사람들이 같은 문제와 같은 어려움을 가지고 고투하며 살아간다는 점입니다. 참여자들은 아무도 그 문제에 대한 답을 가지고 있지 않다는 것을 알게 되지만, 그럼에도 불구하고 그들은 서클을 마치고 나올 때 힘을 얻고 자신감을 느낍니다. 왜냐하면 서클에서 '나만 이런 게 아니구나' 깨닫기 때문입니다. '이 우주에서 나만 이런 감정을 가진 게 아니구나!' 그것이 우리를 지탱하는 기반이 되어주고, 우리 발아래 단단한 땅이 되어줍니다. 우리가 그 위에 서서 조금씩 나아가며 진전을 이룰 수 있는 땅이 되는 거죠. 그래서 결국 우리는 그 다음 단계, 그다음 단계, 또 그다음 단계로 나아가게 됩니다.

Q 선생님이 쓰신 책에 이런 구절이 있거든요.

> "당신 안에서 그리고 당신 주변의 세상에서 다음에 무슨 일이 일어날지는 당신의 마음이 어떻게 부서지느냐에 달려 있다. 만약 마음이 산산조각이 난다면 분노와 우울, 무관심으로 그 결과가 드러날 것이다. 그러나 그 마음이 인간 경험의 복잡성과 모순을 품어낼 수 있는 그릇으로 열리게 된다면 새로운 삶이 시작될 수 있다."

이 글에 대해 청년 스터디 모임에서 이런 질문이 나왔습니다. 이 말이 머릿속으로는 이해가 되는데 실제의 삶에서는 와닿지 않는다는 것입니다. 삶에서 마음이 산산조각 나지 않고 열릴 수 있게 하려면, 어떻게 하면 될지요? 정치적으로 폭력적 의견을 가진 사람들에게 분노, 복수심 같은 것을 느낄 때가 많은데, 그런 감정을 어떻게 바꿀 수 있을지요?

A 진심 어린 질문 정말 감사합니다. 그 질문 뒤에는 이미 열린 마음이 느껴집니다.

우리가 어떤 감정에 지배당하고 있다는 걸 느낄 때, 직접 행동으로 옮기려는 충동이 생길 때, 그때 우리는 스스로에게 물어야 합니다. "그게 나에게 무슨 도움이 되지?" "그 행동이 상대에게 긍정적인 영향을 줄 수 있을까? 아니면, 변화를 이끌 수 있을까?" 복수심은 그에 대한 좋은 예입니다. 앰버 마트라는 작가가 복수심에 대해 인상적인 문장을 남겼어요. "복수심을 행동으로 옮기는 건 쥐약을 내가 마시고 쥐가 죽길 기다리는 것과 같다." 복수심은 나를 무너뜨릴 뿐, 내가 복수하고 싶은 그 사람을 무너뜨리진 못한다는 말이죠.

분노도 비슷한 감정입니다. 저는 어떤 감정도 두려워하지 않아요. 감정은 그냥 감정일 뿐입니다. 중요한 건 감정을 가지고 무엇을 하느냐입니다. 분노의 문제는 가능성을 여는 방식이 아니라 파괴적인 방식으로 행동할 때 생깁니다.

이 사회엔 분노가 가득합니다. 그런데 조금 전에 이야기한 곳으로 돌아가보면, 그 분노를 에너지로 전환하여 비폭력적인 행동의 동력으로 사용할 수 있다면, 당신은 분노를 아주 잘 활용하게 됩니다. 하지만 그 분노로 세상에 나가 사람들을 때리거나 무언가를 부수는 행동을 한다면, 그것은 당신에게도 사회에게도 나쁜 결과를 가져올 것입니다. 이것이 중요한 질문에 대한 한 가지 답입니다. 자기 성찰적인 삶이란, '이 감정을 날것 그대로 행동에 옮겼을 때 내 삶에 어떤 영향을 줄까?'라고 자문하는 것입니다.

또 한 가지 말씀드리자면, 저도 젊어서는 마음이 부서져 죽음이 아니라 생명으로 변화하는 것에 대해 잘 이해하지 못했습니다. 하지만 86년을 살아오면서 소중한 사람들을 잃은 많은 경험이 오히려 저를 더 사랑하고 더 용서할 줄 아는 사람으로 만들었습니다. 마음이 산산조각 나지 않고, 열리게 된 것이지요. 상실에도 '불구하고'가 아니라, 바로 그 상실 때문에 열리게 되는 것입니다. 상실은 우리를 더 큰 사람으로 만드는 힘이 있습니다. 이는 저뿐 아니라 다른 사람들에게서도 목격한 사실입니다.

Q 우리가 살면서 겪게 되는 수많은 상실, 분노에 대해 어떻게 대응해야 할지, '알아차림'이라는 키워드로 잘 풀어주셨습니다. 자연스럽게 다음 질문으로 연결됩니다. 이런 감정과 함께 지금 우리 한국 사회에 많이 퍼져 있는 감정이 갈등과 혐오입니다. 정치적 위기를 일단 넘기긴 했지만, 여전히 적대적인 세력들이 대립하고 있고, 이런 감정에 빠질 때가 많습니다. 공적 사회에 대해 건강한 관심을 유지하려면 우리가 서로의 마음을 돌보아야 할 텐데, 무엇을 함께할 수 있을까요?

A 음, 그 주제들에 대해 터놓고 이야기하며 서로 다른 시각을 나누는 것이 좋습니다. 내 감정을 솔직히 말할 수 있는 공간에서 말이지요.
감정을 혼자 안고 있을 때 우리는 정말 무력합니다. 그건 간단한 진실이라고 생각해요. 고립 속에서 무력함을 느낀다면, 그건 실제로 힘이 없기 때문입니다. 이런 일들은 어느 한 사람의 방식이나 행동만으로는 해결되지 않지요. 우리 중 누구도 스스로를 구원할 수 없습니다. 서로 뭉쳐야 해요. 서로가 서로를 필요로 합니다.

우리는 우리 공동체의 거대함을 자각해야 합니다. 과거의 조상에까지 이어지는 인류 공동체 말입니다. 그렇게 생각이 확장되면 용기와 힘을 얻을 수 있습니다. 생활 여건도 민주주의도 한 걸음씩, 조금씩, 차곡차곡 그렇게 발전해온 것이니까요.

우리는 희망에 대해 많이 이야기하지만, 어떤 이들은 "더 이상 희망이 없다"고 말합니다. 누군가 제게 "희망이 있나요?"라고 물으면, 저는 "희망 없이 사는 법을 나는 모른답니다"고 답합니다. 희망이 없다면 저는 무엇을 해야 하나요? 구석에 있는 의자에 앉아 자기 연민에 빠져야 하나요? 그건 어른이 된 사람이 사는 방식으로 보이지 않아요.

제가 마음에 간직하는 희망에 대한 정의가 하나 있습니다. 아주 간단한 것입니다. 희망이란 지금, 이 현실과 더 나은 가능성 사이의 차이를 분명하게 자각하면서, 현실과 가능성 사이에 서서, 그 간극을 메우기 위해 날마다 무언가를 하는 것입니다. 그것이 희망입니다. 희망은 행동입니다. 희망은 동사입니다. 우리는 희망을 '갖기만 하는' 것이 아니라, 희망을 '만들어가는' 존재입니다.

Q 공동체라고 하면 우리 눈앞에 있는 동시대인만 생각했는데, 조상들까지 포함해서 생각하고 느껴야 한다는 관점이 도움이 됩니다. 마지막으로 한국의 동료들에게 전할 말씀이 있으신지요?

A 제가 알고 있는 가장 놀라운 사람 중 한 명에 관한 이야기로 답변을 마치겠습니다. 그의 이름은 조엘 엘킨스이고, 그는 리투아니아에서 자랐습니다. 나치가 리투아니아를 침공하기 전에 그의 부모님은 그를 영국으로 유학 보냈습니다. 그 덕분에 조엘은 목숨을 구할 수 있었습니다. 그는 뇌화학 분야의 세계적 연구자 중 한 명이 되었고, 미국 존스홉킨스대학 정신과 교수가 되었습니다.

그는 몇 년 전에 101세로 돌아가셨습니다. 오래전 홀로코스트가 벌어지는 동안 그는 가족 11명을 잃었습니다. 나치가 리투아니아를 점령하고 리투아니아 유대인의 95퍼센트를 학살했을 때입니다. 조엘은 제가 아는 한 가장 자비롭고, 사랑 많고, 관대하며, 긍정적이고, 유머 감각이 뛰어난 사람이었습니다. 그는 저에게 '가슴이 넓게 열린 사람'의 훌륭한 모범입니다. 조엘 엘킨스보다 더 가슴 아픈 삶을 상상할 수 없기 때문입니다.

여러 해 전 저는 조엘이 참여했던 '신뢰 서클' 모임을 진행했습니다. 이 모임은 9.11과 이라크 전쟁 이후에 이루어진 것이었습니다. 물론 그 전쟁은 거짓말에 근거한 것이었죠. 우리는 원을 이루어 앉고, 진실을 말하는 사람들을 위한 안전한 공간을 어떻게 만들지에 대해 이야기했습니다. 조엘은 한참 듣다가, 대화가 끝나갈 즈음에 매우 웅변적으로 5분 정도 말씀하셨습니다. 그의 말은 평생 잊히지 않습니다. 거의 20년 전 일입니다만, 그는 이렇게 말했습니다. "어둠이 세상에 내려오고 있으니, 우리는 어둠 가운데 일하는 정원사가 되는 법을 배워야 한다." 저에게는 조엘의 이야기가 사람들의 마음을 가꾸어나갈 완전한 이미지로 다가옵니다. 7월 4일인 미국 독립기념일은 영국 왕과 그의 독재 권력으로부터 미국이 독립을 선언한 날이었는데, 지금 우리는 다시 새롭게 독립을 선언하고 해석해야 하는 상황이 되었어요. 한국에서는 독립기념일을 '빛이 돌아온 날'이라고 부른다면서요. 우리의 독립기념일은 우리 모두를 어둠의 정원사로 일하라고 부르고 있다고 믿습니다. 또한 우리가 조엘과 같은 빛을 지닌 사람이 될 때 빛의 날은 돌아올 것입니다.

* 이 책에는 핵심적인 부분만 추려서 실었다. 대담 전체의 동영상은 유튜브에서 '민주주의를 지탱하는 마음'을 검색하면 볼 수 있다.

주

프롤로그

1   유발 하라리, "낙관도 비관도 아닌, 책임을 선택해야 한다" 유발 하라리 방한 기자간담회', 교보문고, 2025년 3월 21일, casting.kyobobook. co.kr/post/detail/33068.

2   아리스토텔레스, 박문재 옮김 《아리스토텔레스 정치학》, 현대지성, 2024, 16쪽.

3   낸시 프레이저·악셀 호네트, 김원식·문성훈 옮김, 《분배냐, 인정이냐?》, 사월의책, 2014, 24쪽.

4   박구용,《빛의 혁명과 반혁명 사이》, 시월, 2025, 203쪽.

5   로버트 달·이언 샤피로, 장동진·이기호·김왕식·정상화 옮김, 《민주주의》, 동명사, 2018, 81~88쪽.

6   빈센트 베빈스, 박윤주 옮김, 《광장의 역설》, 진실의힘, 2025, 318~423쪽.

1. 재난

1   '코로나 방역 성공했다고? 경제·과학 무시한 결정 아쉬워', 중앙일보, 2024년 11월 21일.

2   애덤 스미스, 김수행 옮김《국부론 (하)》, 비봉출판사, 2007, 1080쪽.

3   '쿠데타는 생명을 갉아먹었다', 한겨레, 2025년 2월 12일.

4   '민주주의와 국민건강은 '밀접히' 관련돼 있다', 한겨레, 2025년 2월 22일.

5   베셀 반 데어 콜크, 제효영 옮김, 《몸은 기억한다》, 을유문화사, 2016, 564쪽.

6   역사학자 박광일 선생이 CBS 라디오 프로그램에서 4.19 혁명에 대해 설명하면서 쓴 표현.

7   필립 셸드레이크, 한윤정 옮김, 《영성이란 무엇인가》, 불광출판사, 2023, 182쪽.

8   성해영, 《내 안의 엑스터시를 찾아서》, 불광출판사, 2024, 193쪽.

9   김상봉, 《영성 없는 진보》, 온뜰, 2024, 10쪽.

10   심훈, 《그날이 오면》, 신라출판사, 1999, 82~83쪽.

11   최나현·양소영·김세희, 《백날 지워봐라, 우리가 사라지나》, 오월의 봄, 2025.

12   '극우가 주류가 못 되는 이유', 한겨레, 2025년 2월 17일.

2. 극우

1   티머시 스나이더, 유강은 옮김, 《가짜 민주주의가 온다》, 부키, 2019, 363~364쪽.

2   井上隆二, 山下富美代, 《社会心理学》, ナツメ社, 2000, 144~145쪽.

3   ·파시즘 유혹에 빠진 한국적 니힐리즘을 치유하려면', 르몽드 디플로마티크, 2025년 4월호.

4   테오도어 W. 아도르노, 이경진 옮김, 《신극우주의의 양상》, 문학과지

성사, 2020, 76~77쪽.

5   ''극우' 문제, 제대로 봐야 한다', 한겨레, 2025년 7월 2일.

6   패트리샤 로버츠 – 밀러가 쓴 *Demagoguery and Democracy*의 한국
     어판 번역서의 제목이다.

7   로버트 O. 팩스턴, 손명희·최희영 옮김, 《파시즘》, 교양인, 2005,
     487쪽.

8   마티아스 데스멧, 김미정 옮김, 《전체주의의 심리학》, 원더박스, 2023,
     151쪽.

9   바버라 F. 월터, 유강은 옮김, 《내전은 어떻게 일어나는가》, 열린책들,
     2025, 95쪽.

10   카롤린 엠케, 정지인 옮김, 《혐오사회》, 다산초당, 2017, 22~23쪽.

11   김현수, 《극우 청년의 심리적 탄생》, 클라우드나인, 2025, 60~61쪽.

12   김종갑, 《혐오》, 은행나무, 2021, 203쪽.

13   한강, 《소년이 온다》, 창비. 2014, 17쪽.

3. 광장

1   프랑코 만쿠조, 장택수·김란수·신성희·이화순·지승은·전영선 옮김,
     《광장》, 생각의나무, 2009, 6, 61쪽.

2   임우진, 《보이지 않는 도시》, 을유문화사, 2022, 137쪽.

3   김백영, '서울의 광장문화, 오래된 것과 새로운 것', 《서울사회학》, 나
     남, 2017, 133~138쪽.

4   김태웅·김대호, 《한국 근대사를 꿰뚫는 질문 29》, 아르테, 2019, 228~ 242쪽.

5   정비석, '수난자 김봉명전(受難者 金鳳鳴傳)', 《정비석 문학 선집 3》, 소명
     출판, 2013, 233쪽(권보드래, 《3월 1일의 밤》, 돌베개, 2019, 293쪽에서 재인용).

6   김훈, 《하얼빈》, 문학동네, 2022, 18쪽.

7   그 부분은 감정사회학자 에바 일루즈가 지적한 바 있는데, 엄기호
     교수가 '극우 포퓰리즘의 '위험한 사랑'에 어떻게 맞설까'(한겨레21,
     1581호)라는 글에서 자세하게 소개하고 있다.

4. 정치인

1 David Litt, 'Is Nothing Funny, Mr. President?', *The New York Times*, 2017년 9월 16일.

2 마리 루이제 크노트, 배기정·김송인 옮김, 《탈학습, 한나 아렌트의 사유방식》, 산지니, 2016, 42~43쪽.

3 스티브 테일러, 신예용 옮김, 《불통, 독단, 야망》, 21세기북스, 2025, 173쪽.

4 Sally Dawson, 'Harmony in the House: the Parliament Choir', *PoliticsHome*, 2021년 12월 22일.

5 김예지, 《어항을 깨고 바다로 간다》, 사이드웨이, 2024, 122쪽.

5. 교육

1 Herbert Simon, 'Public Administration in Today's World of Organizations and Markets', *PS: Political Science and Politics* 33(4), 2000년 12월, 756쪽.

2 '교실에 삶의 이야기가 들어오는 것, 그게 혁신입니다', 한겨레, 2019년 5월 6일.

3 유선영, '개화기 구두사회의 전환과 미디어', 《미디어와 한국현대사: 사회적 소통과 감각의 문화사》, 대한민국역사박물관, 2016, 54~55쪽.

4 김소영, 《어린이라는 세계》, 사계절, 2020, 235쪽에서 재인용.

5 조너선 하이트, 이충호 옮김, 《불안 세대》, 웅진지식하우스, 2024, 261쪽.

6 오카다 다카시, 황선종 옮김, 《심리 조작의 비밀》, 어크로스, 2016, 31~32쪽.

6. 대화

1 레온 페스팅거·헨리 W. 리켄·스탠리 샥터, 김승진 옮김, 《예언이 끝

낮을 때》, 이후, 2020, 11쪽.

2 파커 J. 파머, 김찬호 옮김, 《비통한 자들을 위한 정치학》, 글항아리, 2025, 18쪽.

3 엄지효, '여기, 페미니스트가 나타났다', 《이토록 평범한 내가 광장의 빛을 만들 때까지》, 롤링다이스, 2025, 245쪽.

4 '윤석열 정부 들어서자 팩트체크 생태계 붕괴… 온라인 공론장 사라져', 한겨레, 2025년 7월 7일.

5 버트럼 그로스, 김승진 옮김, 《친절한 파시즘 : 민주주의적 폭력은 어떻게 나타나는가》, 현암사, 2018, 47쪽.

6 R. J. 팔라시오, 천미나 옮김, 《화이트 버드》, 책과콩나무, 2021, 42~43쪽.

7 '내전과 공존', 경향신문, 2025년 3월 18일.

8 아만다 리플리, 김동규 옮김, 《극한 갈등》, 세종서적, 2022, 121쪽.

9 위의 책, 445쪽.

10 에른스트 디터 란터만, 이덕임 옮김, 《불안사회》, 책세상, 2019, 47~48쪽.

7. 회복

1 올더스 헉슬리, 이덕형 옮김, 《멋진 신세계》, 문예출판사, 2018, 367~368쪽.

2 올더스 헉슬리, 안정효 옮김, 《다시 찾아본 멋진 신세계》, 소담출판사, 2015, 88~141쪽.

3 제임스 데이비스, 이승연 옮김, 《정신병을 팝니다》, 사월의책, 2024, 208쪽.

4 요한 하리, 김문주 옮김, 《벌거벗은 정신력》, 쌤앤파커스, 2024, 371쪽 (원서 제목은 *Lost Connections*이고, 1판은 《물어봐줘서 고마워요》라는 제목으로 번역되어 출간되었다).

5 Johann Hari, 'Everything you think you know about addiction is wrong', TED, 2015년 7월 9일과 Johann Hari, Naomi Klein, 'Does

Capitalism Drive Drug Addiction?', Democracy Now!, 2015년 3월 11일(https://www.democracynow.org/2015/3/11) 참조.

6   파커 J. 파머, 김찬호·정하린 옮김,《모든 것의 가장자리에서》, 글항아리, 2018, 77쪽.

7   한강,《작별하지 않는다》, 문학동네, 2021, 84쪽.

8   한강,《여수의 사랑》, 문학과지성사, 2018, 34쪽.

9   岡檀,《生き心地の良い町》, 講談社, 2013, 3장

10 이재정, '광장이 묻고 청년이 답하다',《광장 이후》, 문학동네, 2025, 104~107쪽에서 재인용.

11 피터 펠릭스 켈러만, 박우진 옮김,《소시오드라마와 집단 트라우마》, 시그마프레스, 2016, 105~122쪽.

12 유창복,《시민민주주의》, 서울연구원, 2020, 207쪽.

13 마사 C. 누스바움, 박용준 옮김,《정치적 감정》, 글항아리, 2019, 37쪽.

14 김성례,《한국 무교의 문화인류학》, 소나무, 2018, 180쪽.

15 '윤석열의 '주술적 결단주의', 그 말로는?', 시사인, 2025년 1월 7일.

16 김상봉,《영성 없는 진보》, 온뜰, 2024, 10쪽.

8. 성장

1   이-푸 투안, 윤영호·김미선 옮김,《공간과 장소》, 사이, 2020, 19쪽.

2   제러미 리프킨, 안진환 옮김,《회복력 시대》, 민음사, 2022, 332쪽.

3   이송희일,《기후위기 시대에 춤을 추어라》, 삼인, 2024, 473~474쪽.

4   김열규, '판', 한국민족문화대백과사전, 2025년 11월 5일(검색), encykorea.aks.ac.kr/Article/E0059632.

5   은유,《알지 못하는 아이의 죽음》, 돌베개, 2019, 29, 30쪽.

6   주형일,《자크 랑시에르와 해방된 주체》, 커뮤니케이션북스, 2016, 53~54쪽.

7   조안 C. 트론토, 김희강·나상원 옮김,《돌봄 민주주의》, 박영사, 2024, 267~314쪽.

8   조혜정, 《선망국의 시간》, 사이행성, 2018, 55~58쪽.

9   김희강, 《돌봄민주국가》, 박영사, 2022, 384~392쪽.

10 양승훈, '2030 남성 프레임 전쟁', 《광장 이후》, 문학동네, 2025, 167~168쪽.

11 'AI 많이 쓰는 업종, 청년 고용 크게 줄었다', 경향신문, 2025년 10월 31일.

12 'AI로 일자리 감소는 필연… 사회안전망 없으면 재앙', 한겨레, 2025년 9월 1일.

13 한나 아렌트, 이진우 옮김, 《인간의 조건》, 한길사, 2019, 108쪽.

14 김주완, 《줬으면 그만이지》, 피플파워. 2023, 105쪽.

15 로르 누알라, 곽성혜 옮김, 《지구 걱정에 잠 못 드는 이들에게》, 혜엄, 2023, 349~350쪽.

16 트레이시 키더, 서유라 옮김, 《꿈은 삶이 된다》, DJKS, 2023, 473~474쪽.

17 최인훈, 《유토피아의 꿈》, 문학과지성사, 1994, 87~88쪽.